सिलिकन की चिड़िया

भारत के कंप्यूटर शक्ति बनने की कहानी

प्रवीण कुमार झा

उन सभी कंप्यूटर से जुड़े लोगों को जिन्होंने इस दुनिया को एक नया आयाम
दिया

क्रम-सूची

भूमिका

भारत को सोने की चिड़िया कहा जाता है। इसके कई आयाम हो सकते हैं। सोने का महत्व सदियों से एक मूल्यवान धातु के रूप में रहा है। आज के दौर में भी सोने का मूल्य है लेकिन एक व्यापारिक मुद्रा के रूप में इसका महत्व अब सर्वथा एकल नहीं है। मसलन आज कुछ भी ख़रीदने के लिए आप सोना पोटली में बांध कर नहीं चलते। नॉर्वे जैसे देशों में तो बैंक भी सोना नहीं रखते। अब यह ऐसी वस्तु नहीं रही जिसके बिना दुनिया चल नहीं सकती।

इतिहास में झांक कर देखा जाये तो भारत दुनिया की चाल ढाल और दिशा के साथ ख़ुद को बदलता रहा है, और विश्व पटल पर एक महती भूमिका भी निभायी है। मसलन मसाला व्यापार के माध्यम से यह वैश्विक व्यापार का केंद्र रहा। रेशम व्यापार में भूमिका निभायी। सोने की चिड़िया उपमा भी मात्र सोने से नहीं बल्कि ऐसी क्षमताओं सी ही उपजी है।

अगर आज के दौर में भारत को किसी चीज़ की चिड़िया कहा जाये, तो वह चीज़ क्या होगी? ऐसी चीज़ जिसके माध्यम से भारत और बाक़ी दुनिया के मध्य एक व्यापारिक निर्भरता हो। यूँ तो ऐसी कई चीजें हैं किंतु जब मैं अपने प्रवासी जीवन में अपने आस-पास देखता हूँ, विदेशियों से बात करता हूँ, तो वे भारत के इंजीनियरों और सॉफ़्टवेयर विशेषज्ञों की चर्चा करते हैं। नॉर्वे के सुदूर उत्तर में एक कंपनी का सॉफ़्टवेयर भारत की एक कंपनी सम्भाल रही है। ऐसे हज़ारों उदाहरण मिल जाएँगे। मुझे लगा कि उन पर लिखा जाना चाहिए।

क्या यह भारतीयों के लिए प्राकृतिक चयन था? क्या इसके विपरीत पश्चिम की दुनिया अधिक तकनीक प्रेमी नहीं थी? किस तरह भारत ने ना सिर्फ़ इस दिशा में पहचान बनायी बल्कि एक वैश्विक शक्ति बन कर उभरी?

यूँ तो इस विषय पर तकनीक गुरु कई पन्ने भर सकते हैं, अंग्रेज़ी में तमाम किताबें हैं, लेकिन मेरे लिये यह विषय सहज नहीं है। मैं इसका विशेषज्ञ नहीं हूँ। मैंने स्वयं इन प्रश्नों के उत्तर पढ़ कर या लोगों से बात कर ही कुछ हद तक जाने हैं। इस कारण कई चीज़ों को वह विस्तार नहीं दे सका, जो एक विशेषज्ञ दे सकते थे। हालाँकि यह मेरे लेखन में नयी बात नहीं है। मैंने ऐसी पुस्तिका पहले भी लिखी है, जिसमें अपने नोट साझा किए हैं। यह लोग क्यों पढ़ेंगे या पढ़ना चाहिए भी या नहीं, इस कारण लिखे जाने की लीग अलग है। मेरे लिखने का ध्येय तो सिर्फ़ वह साझा करना है, जो मुझे भी किसी माध्यम से पता लगी है। जिस सूचना तंत्र की मैं

चर्चा करना जा रहा हूँ, उसका तो उद्देश्य ही यही है।

इस इतिहास में झांक कर अप्रत्याशित चीज़ें मालूम पड़ती है। भारत के कंप्यूटर शक्ति बनने की कहानी आज़ादी से पहले शुरू हो चुकी थी, जब कंप्यूटर बने भी नहीं थे। जब दुनिया ने इस दिशा में सोचना शुरू किया, भारत ने भी शुरू किया। पहले कंप्यूटर की यात्रा काफ़ी हद तक समानांतर चली। पहले सुपरकंप्यूटर की भी। इससे यह भ्रम तो दूर होता है कि भारत में कभी तकनीकी सोच या दृष्टि की कमी रही। ना ही कौशल की। जो आधारभूत कमियाँ हो सकती थे, उस भारत ने अपनी शक्ति की तरह देखना शुरू किया। यही वजह थी की भारत ने सफलता पायी।

यह एक सफलता कथ्य या सक्सेस स्टोरी है, लेकिन इसमें कोई एक नायक नहीं। इसमें भारतीयता ही नायक है। वे सभी जो भारत से जुड़े हैं, वे इसके नायक हैं। उन सभी के कारण भारत कहा जा सकता है - सिलिकन की चिड़िया।

1

भारत का अपना MIT

"हिंदुओं। आपको वे सभी धार्मिक और सामाजिक गतिविधियाँ त्यागनी होगी, जो आप वर्षों से कर रहे हैं। आपको गाँव-गाँव, तालुका से तालुका, जिला से जिला घूम कर पूरे मनोयोग से एक लुहार का काम सीखना और करना होगा...आज इस समाज से अवांछित कुरीतियाँ हटाने के लिए और वांछित रीतियाँ लाने के लिए हमें मशीनों की जरूरत है।"

"अगर आपको खाना है, आपको मशीन बनाने होंगे। अगर स्वतंत्रता चाहिए, तो मशीन से मिलेगी। अगर आपको अपने शासक ब्रिटिशों की तरह बेहतर जीवन चाहिए, तो मशीनें ही माध्यम है। अगर हम चाहते हैं कि हमारा देश इंग्लैंड की तरह प्रगति करे, तो हम सबको लोहे का काम सीखना ही होगा।"

"मशीनें ही भविष्य की कल्पवृक्ष है जिसकी शरण में हमें जाना होगा।"

- महादेव मोरेश्वर कुंटे, प्रधानाध्यापक, पुणे उच्च विद्यालय. 30 मई 1884 की एक सभा में (मराठी पत्रिका 'केसरी' में 2 जून 1884 को प्रकाशित)

मैंने महाराष्ट्र के पुणे नगर में सात वर्ष बिताए, और वहीं के एक सरकारी महाविद्यालय-अस्पताल से डाक्टरी की पढ़ाई की। यह नगर उस वक्त विद्यार्थियों का नगर ही दिखता था। अगर महात्मा गांधी रोड पर एक पत्थर

फेंकता, तो किसी विद्यार्थी को लगता। फ़र्गुसन कॉलेज रोड में स्कूटी पर रंगीन रूमाल बांधे घूमती छात्राएँ दिखतीं, जिनके पीछे उनका पुरुष मित्र ऊँकड़ू बैठा होता। भोजनालयों में, सिनेमाघरों में, बस अड्डे पर, शराबखानों में, बगीचों में, टेलीफोन बूथ पर, मैदानों में, हर जगह छात्र ही छात्र। कोई डाक्टरी, कोई कानून, कोई फ़िल्म तो कोई बिजनेस की पढ़ाई करने आया होता; लेकिन उनमें से प्रमुख समूह था उन छात्रों का जो इंजीनियरिंग कर रहे थे।

उनमें कुछ छात्रों की टी-शर्ट पर बड़े अक्षरों में MIT लिखा होता, लेकिन वे अमरीका के नहीं, बल्कि पुणे के ही इस नाम के कॉलेज से थे। पुणे में सरकारी और निजी इंजीनियरिंग कॉलेज भरे पड़े थे। अगर आप पहाड़ों की चढ़ाई कर ऊपर पहुँचे, तो मंदिर मिले न मिले, इंजीनियरिंग कॉलेज ज़रूर मिल जाता। आज पुणे में लगभग डेढ़ सौ इंजीनियरिंग कॉलेज हैं, जिनमें दस सरकारी हैं। इनमें एक तो भारत में स्थापित दूसरा इंजीनियरिंग कालेज है।[1]

संभव है कि यह एक कारण हो कि टाटा मोटर्स, कमिंज, मर्सिडीज़ बेंज, जे सी बी, जनरल इलेक्ट्रिक, सीमेंस सभी ने पुणे में अपने कारख़ाने डाल रखे हैं और कई डालने वाले हैं। कभी-कभी तो मुझ जैसे पुणे-प्रेमियों को इस नगर के बढ़ते प्रदूषण और ट्रैफ़िक देख कर कोफ़्त भी होती है। लेकिन, कभी 'पूरब के ऑक्सफ़ोर्ड' कहे जाने वाले नगर को अब चेन्नई की तरह 'भारत का डेट्रायट' बनता देखता हूँ, तो लगता है कि आखिर ध्येय भी तो यही था। मशीनों की शिक्षा से मशीनों के निर्माण तक की यात्रा।

लेकिन, पुणे ही क्यों? क्या यह पिछले कुछ दशकों की खोज है? कहीं ऐसा तो नहीं कि भारत में मशीनी चेतना का यह एक आरंभिक केंद्र रहा हो। अगर इस विषय में हम अपने मस्तिष्क को बहुत अधिक श्रम न दें, तो एक नाम जो सबसे पहले कौंधेगा, वह कौन सा होगा? ऐसा भारतीय जिसकी बात पुणे के लोग सुनते हों, बॉम्बे प्रेसीडेंसी सुनता हो, भारत सुनता हो; जो अपनी बात लिख कर प्रसारित करता हो; जिसे गणित-विज्ञान की अच्छी समझ हो, और पाश्चात्य शिक्षा का अनुभव हो?

हाँ, हाँ! बाल गंगाधर तिलक।

अमरीका में MIT (मैस्चुसेट्स इंस्टीच्यूट ऑफ़ टेक्नोलॉजी) के स्थापित होने के दो दशक बाद 1884 में पुणे के अंग्रेज़ी अखबार 'मराठा' में तीन खंडों की एक शृंखला छपी- 'मॉडल इंस्टीच्यूट ऑफ़ टेक्नोलॉजी'। (पता नहीं, अब भारतीय अखबारों में ऐसी शृंखला क्यों नहीं छपती)

इस शृंखला में अमरीका के एमआइटी के वार्षिक कार्यकलापों का ब्यौरा छपा कि वे आखिर क्या कर रहे हैं। क्या पढ़ रहे हैं? क्या शोध कर रहे हैं? क्या यह सब भारत में मुमकिन नहीं? इस पत्रिका में एक निष्कर्ष यह भी निकाला गया कि भविष्य में यह एमआइटी लंदन के तकनीकी संस्थानों पर भारी पड़ सकता है, क्योंकि उनका नज़रिया इंग्लैंड के बनिस्बत नया है। अगर भारत को तकनीकी रूप से सक्षम और भविष्य के लिए तैयार होना है, तो यथाशीघ्र एक एमआइटी यहाँ भी बनाना होगा। यही बात सरल मराठी भाषा में 'केसरी' अख़बार में छपी। दोनों अखबारों का संचालन बाल गंगाधर तिलक करते थे।

सवाल यह है कि आखिर एमआइटी में क्या पढ़ाते हैं, विद्यार्थी क्या करते हैं, यह बात इतनी बारीकी से बाल गंगाधर तिलक तक पहुँची कैसे? क्या उनके कोई अमरीकी मित्र थे, जो यह जानकारी दी थी? क्या उन्होंने कालेज को चिट्ठी भेज कर उनकी वार्षिकी मंगवाई थी?

दरअसल इस लेख के कुछ वर्ष पूर्व ही तिलक ने 'मराठा' में टेलीफ़ोन के आविष्कारक अलेक्ज़ेंडर ग्राहम बेल और विद्युत शोधी थॉमस अल्वा एडीसन पर शृंखला लिखी थी। अपने लेखों से उन्होंने अपने एक मित्र को एमआइटी जाने के लिए प्रेरित कर लिया था। 1882 में तिलक के वह मित्र एमआइटी पहुँचने वाले एशिया के पहले व्यक्ति बने।

दो वर्ष बाद जब वह लौटे तो एमआइटी की वार्षिकी और कुछ अनुभव साथ लिए आए। 'केसरी' के दफ़्तर में तिलक ने उनका स्वागत करते हुए कहा,

"आओ केशव! जब तुम पढ़ाई पूरी कर लोगे, तो हमारे देश में भी मशीनें बनेंगी, और मुझे यकीन है वे इंग्लैंड से बेहतर होगी।"

केशव ने आँखें झुका कर कहा, "मैं कामना करूँगा कि आपकी इच्छा पूरी हो। किंतु, मुझे क्षमा कीजिए। मैं एमआइटी त्याग कर आ गया हूँ।"

तिलक हाथ में एमआइटी की वार्षिकी लिए निराश होकर बैठ गए। उनके मन में हेडमास्टर कुंटे के शब्द गूँज रहे थे- "मशीनें ही भविष्य की कल्पवृक्ष हैं...इनकी शरण में हमें जाना होगा..."

जहाँ एक तरफ तिलक एम आई टी की कल्पना कर रहे थे, एक अन्य व्यक्ति इस दिशा में कुछ अलग कर रहे थे।

༺☙༻

"आप मुझे अपना मात्र एक पैसा दीजिए, मैं आपके लिए स्वदेशी कारख़ाना बना कर दूँगा"

कड़ी धूप में पैरों में कोल्हापुरी चप्पल पहने, कंधे पर झोला लटकाए एक शिक्षक बम्बई प्रांत (वर्तमान महाराष्ट्र) के गाँव-गाँव घूम रहे थे। चौपालों पर खड़े होकर जब वह देश को आत्मनिर्भर बनाने के सूत्र कहते, लोग उनका मखौल उड़ाते।

इस उपहास की माकूल वजह भी थी। वह अपने भाषण में यह कहते कि इंग्लैंड से बेहतर काँच वह भारत में बनाएँगे, जबकि न उनके पास ऐसा कोई प्रशिक्षण था, न ही जेब में फूटी कौड़ी। आखिर कोई उन्हें एक पैसा क्यों देता?

"अंग्रेज़ हमें खेती-बाड़ी में सीमित रखना चाहते हैं, और खुद कारख़ाने बना कर हमें ही अपना उत्पाद बेचते हैं। अगर हमें इस गरीबी और परतंत्रता से बाहर आना है, तो हमें आत्मनिर्भर होना ही होगा...मैंने लोकमान्य बाल गंगाधर तिलक से बात की है। उन्होंने कहा है कि अगर मैं कुछ धन इकट्ठा कर लेता हूँ, तो वह मेरा समर्थन करेंगे। मैं एक आना नहीं, मात्र आपका एक पैसा माँग रहा हूँ। जब कारखाना बनेगा, उसके मालिक आप ही होंगे, मैं नहीं।"

यह विनती करने वाले व्यक्ति थे अंताजी दामोदर काळे। छह वर्षों तक गाँव-गाँव घूम कर उन्होंने 1907 ईसवी में सात हज़ार रुपए इकट्ठे कर लिए। यह कोई बड़ी रकम नहीं लगती, ख़ास कर जब उसी वर्ष टाटा परिवार ने इस्पात कारख़ाने के लिए 2.3 करोड़ रुपए इकट्ठे कर लिए थे। अंतर यह था कि टाटा को इस रकम का बड़ा हिस्सा अफ़ीम व्यापार और धनाढ्य देशी-विदेशी निवेशकों से मिला था, जबकि काळे ने यह सात लाख लोगों से एक-एक पैसा जोड़ कर जमा किया था।

आखिर उन्हें तिलक का साथ मिला, और यह 'पैसा फंड' कई मायनों में देश के पहले स्वदेशी आधुनिक कारखाने की नींव बना। पुणे के निकट तळेगाव में एक राष्ट्रवादी विद्यालय की जमीन पर ही इसका भूमिपूजन हुआ और नाम रखा गया-पैसा फंड काँच कारखाना।

लेकिन, कारखाना चंद पैसों और जमीन से तो खड़ा नहीं हो जाता। कौन जानता था कि इंग्लैंड के स्तर की काँच कैसे बनेगी, पिघलायी जाएगी, तराशी जाएगी? केशव भट्ट जो एमआइटी पढ़ने गए थे, उन्होंने तो एक कपड़ा रंगने की फ़ैक्ट्री डाली, जो ठप्प पड़ गयी। टाटा ने जो फ़ैक्ट्री लगायी, उसमें विदेशी इंजीनियर आए। इस स्वदेशी कारखाने के लिए स्वदेशी इंजीनियर कहाँ से मिलते?

केशव भट्ट के बीस साल बाद जो दूसरे भारतीय एमआइटी पहुँचे थे, वह अलीगढ़ के नौजवान ईश्वर दास वार्ष्णेय थे। यूँ तो वह कपड़ा व्यापारी परिवार से

थे, लेकिन भाग्य कहिए कि उन्होंने विदेश जाकर काँच के उद्योग का ही प्रशिक्षण लिया। इसका अंदाज़ा तो काळे को भी नहीं था, कि कारखाने की नींव डलेगी, और उसका विशेषज्ञ ऐन वक्त पर अमरीका से पढ़ाई पूरी कर लौटेगा। जहाँ चाह, वहाँ राह।

आज दशकों बाद स्वतंत्र भारत के बजट में उद्योग प्रशिक्षुओं (इंटर्न) की बात चल रही है, ईश्वर दास वार्ष्णेय ने कारखाने की ज़िम्मेदारी लेते ही 'केसरी' अख़बार में विज्ञापन दिया था,

"हमें प्रशिक्षुओं की जरूरत है जिन्हें काँच का काम सिखाया जाएगा। हम और जापान से कुछ सहयोगी एक महीने का प्रशिक्षण देंगे, और उसके बाद कारखाने में नौकरी मिलेगी"

कुल 160 आवेदन आए, जिनमें सोलह प्रशिक्षु चुने गए। लेकिन उनमें आठ प्रशिक्षण के दौरान ही कारखाना छोड़ गये। कारण यह नहीं था कि उनके लिए प्रशिक्षण कठिन था। बल्कि एक छोटी सी अड़चन थी।

अमरीका रिटर्न इंजीनियर यह भूल गए थे कि अलग-अलग जातियों के सोलह भारतीय एक ही काँच फुंकने (ग्लास ब्लोवर) में मुँह नहीं लगा सकते!

❧

"तकनीकी शिक्षा की रट लगाने वाले भारतीय बुद्धिजीवी न तो तकनीक का अर्थ समझते हैं, न शिक्षा का...अगर भारत में चंद पोलिटेक्निक और तकनीकी संस्था खुल भी गए तो उससे भारत की अर्थव्यवस्था में उतनी ही लहरें दिखेगी जितनी समंदर में एक ढेला फेंक कर दिखती है"

- वायसराय लॉर्ड कर्जन, 1900 के एक वक्तव्य में

मैं एक अवकाशप्राप्त इंजीनियर बुजुर्ग से बात कर रहा था। उन्होंने कहा,

"हमारे समय तो इंजीनियरिंग पढ़ने का मुख्य ध्येय था सिविल इंजीनियरिंग करना। अच्छी सरकारी नौकरी, बंगला, नौकर-चाकर, घूमना-फिरना, सब सरकारी खर्च पर। कारख़ाने में हेल्मेट लगा कर पसीना बहाने की रुचि बहुत कम लोगों की थी। यह ब्रिटिश जमाने की विरासत थी, क्योंकि उनके इंजीनियर भी भारत इसी मंशा से आते थे कि सरकारी अफसर बनेंगे, अपने निचले कर्मियों पर धौंस जमाएँगे और ऐश से रहेंगे। वही शान-ओ-शौकत आज़ादी के बाद भारतीय इंजीनियरों को हस्ताक्षरित हो गयी...(अंत में मुस्कुरा कर) और हाँ! पी डब्ल्यू डी

में भ्रष्टाचार, रिश्वत, राजनीतिक फायदे ये सब तो..."

पुणे के काँच कारखाने की अड़चनें जाति-भेद को लेकर थी ही, लेकिन यूँ भी पढ़े-लिखे भारतीयों की ऐसे काम में रुचि कम थी। ऐसे परिश्रम उन्हें लुहार, सुनार, बढ़ई, चमार, कुम्हार, ऐसी जातियों के काम लगते थे। एक मराठी ब्राह्मण या कायस्थ इस तरह के कार्यों, जैसे काँच पिघला कर तराशना, से दूर ही रहते। उनके लिए अंग्रेज़ी शिक्षा का अर्थ था - दर्शनशास्त्र, साहित्य, वकालत आदि। जब उन्हें पता लगा कि अमरीका या जापान में पढ़ कर फ़ैक्ट्री में काम करना होगा, और कमाई भी उस हिसाब से नहीं होगी तो यह बहुत आकर्षक नहीं रहा। इस कारण लोग इंग्लैंड-अमरीका तो जाते रहे, मगर एमआइटी जैसे संस्थानों द्वारा खुले अपील के बावजूद वहाँ कम गए।

वहीं चीन और जापान से जो छात्र विदेश जाते थे, उनकी पहली पसंद तकनीकी शिक्षा थी। मैं 1912 में अमरीका के तकनीकी संस्थानों का दाख़िला रिकॉर्ड देख रहा था, वहाँ सबसे अधिक 549 विदेशी छात्र चीन से आए, 415 छात्र जापान से; जबकि भारत-सीलॉन (श्रीलंका) से 148।

उसी दौरान शिकागो ट्रिब्यून के एक संपादकीय में लिखा है,

"जापानी विदेश जाकर इंजीनियरिंग, अर्थशास्त्र, व्यापार जैसी चीजें पढ़ते हैं, मगर हिंदू कभी नहीं। ये लोग ऑक्सफोर्ड और कैम्ब्रिज जाकर पश्चिमी साहित्य और दर्शन पढ़ते रहते हैं। न किसी को रेल की समझ है, न बैंक की, न उत्पादन की, न वाणिज्य की। यह स्वप्नद्रष्टाओं और स्वामियों का भारत गरीबी की दलदल में बुरी तरह फँस जाएगा"

संभवतः अंग्रेज़ भी इस अभिरुचि से परिचित थे, और उन्हें इन्हीं में उलझा कर रखना चाहते थे। उन्होंने रुड़की, पुणे, शिबपुर आदि में जो इंजीनियरिंग कालेज खोले, वहाँ भी नयी मशीन बनाने या शोध करने पर बल न देकर पी डब्ल्यू डी के निचले कर्मी बनाने के ही प्रयास किए गए। नहरों, सड़कों, रेल आदि की निगरानी करने वाले ओवरसीयर।

इंजीनियर और ओवरसीयर (साहब) शब्द पर्याय जैसे बनते गए। ऐसे लोग जिनका काम था आरामकुर्सी पर बैठ कर या हल्की-फुल्की चहलकदमी करते हुए मजदूरों पर नजर रखना। उसकी रपट बना कर लाटसाहेबों की मेज तक पहुँचाना। ऊपर से आदेश लेना और उसे नीचे भेजना। तकनीकी शिक्षा लेकर भी फाइलें भरते हुए ज़िंदगी बिता देना।

बाल गंगाधर तिलक के 'मराठा' और 'केसरी' में छप रहे तकनीकी शिक्षा पर लेख भी मानसिकता बदलने में बहुत सफल नहीं रहे।

उन्होंने मराठा अख़बार में लिखा था महारानी विक्टोरिया की स्मृति में पत्थर का महल बनाने के बजाय एक आधुनिक तकनीकी विश्वविद्यालय बनाया जाए। कर्ज़न ने इन प्रस्तावों को धत्ता बताते हुए कलकत्ता में आलीशान विक्टोरिया मेमोरियल बनवाया। इस मायने यह मेमोरियल भारतीय तकनीकी शिक्षा का क़ब्र कहा जा सकता है।

ख़ैर, तकनीकी शिक्षा तो तभी आती जब लोगों की मशीनों में रुचि जगती। तिलक के बाद जो गांधी नामक जो हस्ती भारत में तेज़ी से उभर रहे थे, उन्होंने तो अपनी पुस्तिका 'हिंद स्वराज' में मशीनों को भारत की गरीबी का ज़िम्मेदार बताया, इसे महापाप की संज्ञा दी, कपड़ा मिलों की तुलना जहरीले साँप से की। उनसे भला क्या उम्मीद की जाती?

वहीं दूसरी तरफ़ गांधी के बारे में रॉस बैसेट लिखते हैं-

"मैं उन्हें इस कालखंड का सबसे मुखर इंजीनियर कहूँगा, जिन्होंने तीस करोड़ लोगों को उद्योग में लग जाने के लिए प्रेरित किया। आख़िर कई आरामपसंद भारतीय भी जमीन पर बैठ कर कपड़ा बुनने लगे"

ॐ

क्या गांधी के बाद विज्ञान, तकनीक और औद्योगीकरण की गाड़ी रुक गयी?

1920 से 1935 के मध्य भारतीय वैज्ञानिकों ने इस सदी के चार महान सिद्धांत हासिल किए- बोस-आइंस्टाइन साँख्यिकी, साहा आयनीकरण, रमन प्रभाव और चंद्रशेखर लिमिट। भले ही इनमें गांधी का तनिक भी योगदान नहीं था, लेकिन यह उदाहरण हैं कि भारत में वैज्ञानिक चेतना तब भी फल-फूल रही थी। गांधी ने स्वदेशी उद्योगों को प्रोत्साहन और विदेशी उत्पादों के बहिष्कार की बात कही और उसके लिए उन्होंने घर-घर चरखा की वकालत की।

उनके इन प्रयोगों की आलोचना करते हुए वैज्ञानिक मेघनाद साहा ने कहा,

"मुझे नहीं लगता कि आधुनिक मशीनों से दूर जाकर चरखे, खद्दर और बैलगाड़ी की दुनिया में लौटना किसी भी तरह भारत की प्रगति कर सकता है"

जब गांधी से पूछा गया कि उन्हें आधुनिक मशीनें से चिढ़ क्यों हैं, उन्होंने कहा,

"दरअसल कई मशीनें चंद धनी लोगों को लाखों गरीबों की पीठ पर सवार होने में मदद करती हैं। हालाँकि मशीन का कार्य मनुष्य के अंगों को कमजोर करना नहीं है। मैं आपको एक उपयोगी मशीन का उदाहरण देता हूँ। सिंगर सिलाई मशीन अब तक आविष्कृत उपयोगी मशीनों में से एक है। मैंने भी उस मशीन पर सिलाई करना सीखा है।"

खैर, मैं यहाँ वैज्ञानिकों की चर्चा न कर, इंजीनियरों की तरफ़ लौटता हूँ। क्या तिलक की तरह गांधी से जुड़े कोई व्यक्ति एमआइटी पढ़ने गए? इसमें एक आश्चर्यजनक तथ्य सामने आता है। जिस तरह तिलक के समय मराठी इंजीनियर एमआइटी जाने लगे थे, गांधी के समय गुजरातियों का एमआइटी में बोलबाला हो गया। एक समय तो वहाँ इतने गुजराती इंजीनियरिंग छात्र हो गए, कि एमआइटी में डांडिया उत्सव हुआ!

इन विद्यार्थियों में जो पहले तीन नाम उभरते हैं, उनमें पहले त्रिकामलाल म. शाह की विवाह में गांधी गए थे। गांधी ने अपनी डायरी में लिखा है कि उन्हें खुशी हुई कि सभी बाराती खादी में आए थे। दूसरे अनंत पांड्या गांधी आश्रम में रहते थे। तीसरे बाल कालेलकर भी भावनगर के गांधी आश्रम में रहे। उनके एमआइटी जाने के लिए गांधी ने अनुमोदन पत्र (रिकमंडेशन) लिखा था, और घनश्याम दास बिरला से आर्थिक सहयोग भी दिलाया। वह चाहते थे कि ये पढ़ कर भारत लौटें, और तकनीकी योगदान दें। ये तीनों भारत लौटे, लेकिन इनके दृष्टिकोण बदल गए थे।

अमरीका से इंजीनियरिंग पढ़ने के बाद अनंत पांड्या ने 1935 में कहा, "गांधी खामखा ग्रामोद्योग की रट लगा रहे हैं। उन्हें आज की अर्थव्यवस्था की तनिक भी समझ नहीं है। दुनिया आगे बढ़ रही है, और वे हमें आदिम जमाने के चरखे की तरफ ले जा रहे हैं। मरे हुए उद्योगों को जीवित करने में लगे हैं। वह देश की अर्थव्यवस्था को गर्त में ले जाने की जुगत लगा रहे हैं।"

इस तर्क में यह भी ध्यान देना चाहिए कि देश उस समय परतंत्र था। अर्थव्यवस्था ब्रिटिशों के हाथ में थी। तकनीकी संस्थान विकसित करने और मशीनी युग लाने की ज़िम्मेदारी काफी हद तक उनकी थी। वे चाहते तो भारत में एमआइटी जैसा संस्थान स्थापित कर सकते थे। गांधी के ग्रामोद्योग का उद्देश्य आदिम जमाने में लौटने की बजाय उद्यमशीलता और आत्मनिर्भरता पर था। 1925 में भारतीय विज्ञान संस्थान के विद्यार्थियों को उन्होंने कहा, "विज्ञान के उच्च संस्थानों में सबसे अधिक छात्र भारतीय मध्य-वर्ग से आते हैं। विडंबना यह है कि मध्य वर्ग किताबों में डूब कर हाथ से काम करना भूलता जा रहा है। अगर आपको वाकई विज्ञान की दुनिया में गोता लगाना है, तो आपको अपने हाथ खोलने होंगे, आस्तीन ऊपर करनी होगी, उसी तरह परिश्रम करना होगा जैसा एक मजदूर करता है"

गांधी ने गोबर से खाद बनाना, खुद बैठ कर चप्पल बनाना, काश्तकारी करना, लोहे का काम करना, यह सब हाथों से सीखा और किया था। इसलिए वह अपना

तर्क अनुभव से ही रख रहे थे। भले ही उनके मन में फोर्ड जैसी गाड़ियाँ बनाना न रहा हो, लेकिन उन गाड़ियों तक पहुँचने के लिए ऐसे परिश्रम की ज़रूरत थी जो कारख़ानों से हिचक को कम करे।

बहरहाल, उन्हीं दिनों गणितज्ञ रामानुजन के सहपाठी रहे एक व्यक्ति ऐसी दिशा में काम कर रहे थे कि मध्य-वर्ग को कारखाने में कम ही जाना पड़े। वे भविष्य में वातानुकूलित खोमचों में बैठ कर बस उंगलियों की थिरकन करें, और इसकी ज़रूरत पूरी दुनिया में होने लगे।

[1] थॉमसन कॉलेज पहला इंजीनियरिंग कालेज है, जो अब आइआइटी रुड़की कहलाता है

2

कबाड़ी बाज़ार से कंप्यूटर तक

जब कंप्यूटर नहीं आए थे, तब भी दुनिया चलती थी, मगर गति धीमी थी। मेरे पिता जो बैंकिंग से जुड़े हैं, उनके पास मोटे रजिस्टर तो होते ही थे, बड़े-बड़े काग़ज के रॉल भी होते थे। उसे वह फर्श पर कालीन की तरह पसारते। उन पर तालिका बनी होती, जिसमें कई अंक जोड़-घटा कर, हिसाब करने होते। उसी में अलग-अलग फार्मूला लगाए जाते, और उनकी दुबारा-तिबारा जाँच की जाती। गलतियाँ ठीक की जाती। इस तरह के व्यक्ति पुराने जमाने में Computor (e के बजाए o) कहे जाते, जिनका काम था गणना करना।

जितनी बड़ी गणना उतने अधिक लोग। इन लोगों की ख़ासियत थी कि वे दिमाग में ही बड़ी-बड़ी गणनाएँ कर लेते। लेकिन, वे थे तो मनुष्य ही। अगर एक दशमलव ग़लत जगह लग गया, तो पूरा हिसाब ही ग़लत। फिर दशमलव को ढूँढने में कई घंटे बर्बाद।

हालाँकि उन्नीसवीं सदी में ही एनालोग गणक बनने लगे थे, जो जोड़-घटाव-गुणा-भाग कर देते थे। लेकिन वे भारी-भरकम थे, और आज की तरह डिजिटल नहीं थे। वे किसी संगीत-यंत्र की तरह दिखते, जिसमें सुई को ऊपर-नीचे कर गिनती करनी होती। अगर आप अबैकस से परिचित हैं, तो उसी का परिष्कृत रूप। वह अमूमन तभी प्रयोग किए जाते जब दस से अधिक अंकों का जोड़-घटाव हो, और काग़ज़-कलम पर मशक्क़त न करनी हो।

प्रशांत चंद्र महालानोबिस यूँ तो भौतिकी के अध्यापक थे, किंतु उनकी रुचि अंकगणित और सांख्यिकी में बहुत अधिक थी। वह गणित का उपयोग ज़मीनी

समस्याओं के लिए करना चाहते थे। मसलन खाता-बही से लेकर देश के आँकड़े और बजट बनाने तक। वह अंकों को कोई अलौकिक या आध्यात्मिक चीज नहीं मानते थे, बल्कि एक टूल ही मानते थे।

कैंब्रिज के अपने सहपाठी गणितज्ञ रामानुजन के विषय में उन्होंने कहा,

"हम दोनों अक्सर लंबी सैर पर जाते थे, और वह दार्शनिक बातें किया करता था। वह शून्य और अनंत को आध्यात्म से जोड़ कर देखता था...उससे बात करते हुए कभी-कभी मुझे लगता था कि वह गणितीय सिद्धांतों के बजाय दार्शनिक प्रश्नों के उत्तर अधिक ढूँढ सकता है"

भारत लौट कर 1931 में कलकत्ता में उन्होंने भारतीय साँख्यिकी संस्थान की स्थापना की। वहाँ उन्होंने भारतीय कृषि से जुड़े प्रश्नों जैसे जूट की पैदावार के आँकड़ों की गणना की, और उस आधार पर ऐसे निष्कर्ष बनाए कि यह कैसे बढ़ाई जा सकती है। आज जो नैशनल सैंपल सर्वे (NSS) कहलाता है, उसमें भी उनका ही योगदान है। लेकिन, वह समझ गए थे कि भारत जैसे विशाल देश की गणनाएँ मनुष्य द्वारा करना बहुत कठिन है।

उन्होंने कहा,

"जिस बड़ी संख्या में हमारे पास आंकड़े जमा हो रहे हैं, हमें जल्द से जल्द एक ऐसे यंत्र के निर्माण की तैयारी करनी चाहिए, जो इन गणनाओं की गति बढ़ा सके।"

1932 में उन्होंने यूरोप की तर्ज़ पर कैलकुलेटर के प्रयोग शुरू कर दिए थे, और वह कंप्यूटर की दिशा में कदम बढ़ा रहे थे। इस मायने में देखा जाए तो उनकी गति अमरीका या यूरोप से बहुत कम नहीं थी, क्योंकि वहाँ भी पहले कंप्यूटर बनाने की जुगत ही लगायी जा रही थी।

1943 में जब बंगाल और अन्य प्रांतों में सूखा पड़ा, तो धान की पैदावार के लिए घूम-घूम कर आंकड़े इकट्ठे किए गए। महालनोबिस ने उसी वर्ष एक संस्थान बनाया- इंडियन कैलकुलेटिंग मशीन एंड साइंटिफिक इंस्ट्रूमेंट रिसर्च सोसाइटी। इसका ध्येय था कि देश में एक एनालोग कंप्यूटर बनाया जाए, जो जल्दी से इन आँकड़ों का निष्कर्ष निकाले।

ठीक उसी वर्ष अमरीका ने भी विश्व-युद्ध के हथियारों के आँकड़ों के लिए पहला कंप्यूटर बनाना शुरू किया। आखिर 1946 में अमेरिका में EINAC नामक एक ऐसा यंत्र बन कर तैयार हुआ, जिसे एक कंप्यूटर कहा जा सकता था। आज के आइपैड जमाने के हिसाब से यह भीमकाय मशीन थी। एक तीस बट्टा चालीस फीट के हॉल में सत्रह हज़ार नलियाँ, सत्तर हज़ार रेजिस्टर, दस हज़ार कैपेसिटर, और छह हज़ार स्विच! इसको चालू रखने के लिए ही 174 किलो वाट ऊर्जा लगती

थी, और हर नये प्रश्न को हल करने के लिए फिर से स्टार्ट पड़ता था, जिसमें कुछ दिन लग जाते थे।

महालनोबिस जानते थे कि इतने संसाधन भारत में नहीं। उन्होंने जब अमरीका से पढ़ कर लौटे अपने दो इंजीनियर सहायकों समरेंद्र कुमार मित्रा और सौमेंद्र मोहन बोस से पूछा कि ये सामान भारत में कहाँ मिल सकते हैं।

उन्होंने कहा- ऐसी तो कलकत्ता में एक ही जगह है। कबाड़ी बाज़ार!

☙

द्वितीय विश्वयुद्ध यूरोप को तबाह कर गया। बर्लिन जो एक आधुनिक विकसित नगर था, वह मलबों का ढेर बन गया। बड़े-बड़े कारखाने कबाड़ में बदल गये। सब कुछ नए सिरे से बनाना था। इमारतें, सड़कें, बिजलीघर, संचार-तंत्र, कारखाने, रेल परिवहन सब बहुत तेज़ी से तैयार करने थे। उस समय ज़रूरत पड़ी हज़ारों इंजीनियरों की।

लेकिन भारत के निर्माण का क्या?

1946 में कलकत्ता में अपने कार्यालय में बैठे नलिन रंजन सरकार और हुमायूँ कबीर वायसराय के लिए एक प्रस्ताव लिख रहे थे,

"महोदय! जिस गति से उद्योगों की आवश्यकता बढ़ रही है, हमें भारत में यथाशीघ्र उच्च तकनीकी संस्थान स्थापित करने होंगे। चूँकि द्वितीय विश्व युद्ध के बाद यूरोप के पुनर्निर्माण में यूरोप और अमरीका के इंजीनियर व्यस्त हैं, अब विदेश से इंजीनियर लाने नामुमकिन होंगे। अगर हमें निर्माण कार्य करने हैं, तो इस देश में ही इंजीनियर तैयार करने होंगे...हमें कम से कम एक ऐसा संस्थान बनाना होगा जो मैसचुसेट्स इंस्टीट्यूट ऑफ़ टेक्नोलॉजी जैसा हो"

यही बात चार दशक पहले तिलक ने अपने 'मराठा' अखबार में लिखी थी, लेकिन उस वक्त इस पर ध्यान नहीं दिया गया। अब तो माहौल बदल गया था। भारत आज़ादी की ओर बढ़ रहा था, और अंग्रेज़ अपना बोरिया-बिस्तर बाँधने लगे थे। ऐसे प्रस्ताव के लिए न उनके पास वक्त था, न ही इसमें कोई रुचि।

जब जवाहरलाल नेहरू प्रधानमंत्री बने, वायसराय कमीशन से यह रिपोर्ट उनकी मेज पर आयी। बंगाल के मुख्यमंत्री डाक्टर बिधान चंद्र राय और वित्त मंत्री नलिन रंजन सरकार (जिन्होंने यह प्रस्ताव तैयार किया था) ने नेहरू से कहा कि वह बंगाल में ऐसा संस्थान बनाना चाहते हैं।

नेहरू यह सुझाव एक दशक पहले 1938 में भी देख चुके थे। उस वक्त कांग्रेस के अध्यक्ष सुभाष चंद्र बोस ने वैज्ञानिक मेघनाद साहा की मदद से एक नैशनल

प्लानिंग कमिटी बनायी थी[1]। उस कमिटी की ज़िम्मेदारी उन्होंने नेहरू को ही सौंपी थी, और उसमें ऐसा प्रस्ताव रखा गया था।

उन्होंने बिधान चंद्र राय से पूछा, "आप बंगाल में किस जगह यह संस्थान बनाना चाहते हैं?"

"कई जगह हैं। जैसे हिजली कैंप"

"हिजली कैंप?", नेहरू चौंक गए

यह कैंप कभी असहयोग आंदोलन के राजनैतिक कैदियों को रखने के लिए बनाया गया था। यहीं 1931 में दो क्रांतिकारियों संतोष कुमार मित्रा और तारकेश्वर सेन गुप्ता को गोली मार दी गयी थी। इसकी स्मृति उन सबके मन में कैद थी।

आखिर यह तय हो गया कि इसी स्थान पर भारत का प्रोद्यौगिकी स्थान आइ आइ टी तैयार होगा। शिक्षा मंत्री मौलाना अबुल कलाम आज़ाद ने 1950 में इसका उद्धाटन किया, और अगले ही वर्ष 224 छात्रों का पहला बैच वहाँ पढ़ने लगा। पहला छात्रावास सरदार बल्लभ भाई पटेल के नाम पर पटेल हॉल रखा गया।

जवाहरलाल नेहरू पहले बैच के पास होने पर समारोह में आए और कहा,

"आज इस हिजली यातना कैंप पर स्थापित इस संस्थान को देखते हुए हम उन संघर्षों को याद करते हैं जो हमारे देश को सहने पड़े, और आप लोगों में उस स्वर्णिम भविष्य को देखते हैं जो नए भारत का निर्माण करेंगे।"

नेहरू के नाम पर भी एक छात्रावास बना। लगभग चार दशक बाद उस नेहरू हॉल में रहने वाले इंजीनियर मोहन सीलापरशेट्टी याद करते हैं[2],

"मैं जब हॉल में आया था, केजरी हमारा सीनीयर था। उसकी मुस्कान मुझे अब तक याद है...हमारे फाइनल यर में नए लड़के अक्सर कुछ पूछने के लिए दस्तक देते। उनमें एक सुंडी भी था, जिसे मैं बैठ कर करियर की बातें समझाता। मुझे तब क्या पता था कि वह लड़का गूगल का सीईओ बन जाएगा"

⚘

सवाल यह था कि भारत का पहला कंप्यूटर कहाँ बनेगा - कलकत्ता या बंबई?

यह कमाल की बात है कि जिस तरह अमरीका-रूस में तकनीकी स्पर्धा चल रही थी, भारत के दो व्यक्तियों के बीच भी एक स्पर्धा चल रही थी। हालाँकि दोनों नेहरू के करीबी थे, दोनों आपस में अच्छे मित्र थे, और दोनों के लक्ष्य भी एक थे, लेकिन रास्ते अलग थे।

होमी जहाँगीर भाभा और प्रशांत चंद्र महालनोबिस, दोनों ही कैंब्रिज से पढ़ कर आए थे, लेकिन भाभा सोलह वर्ष छोटे थे। भाभा टाटा परिवार की मदद से बंबई में

TIFR नामक संस्थान स्थापित कर चुके थे, और परमाणु ऊर्जा की दिशा में बढ़ना चाहते थे। उन्हें इसकी कठिन गणनाओं के लिए कंप्यूटर की आवश्यकता थी।

वहीं महालनोबिस को देश की ज़मीनी समस्याओं के लिए कंप्यूटर चाहिए था। वह देश भर में कृषि, शिक्षा और अन्य आँकड़ों का विश्लेषण करना चाहते थे।

समस्या यह थी कि भारत सरकार के पास दोनों में किसी के लिए पर्याप्त धन नहीं था। न ही टाटा इस दिशा में बड़ा निवेश करना चाहती थी। उस वक्त दुनिया में ही कंप्यूटर युग नहीं आया था, तो यह एक बेहद खर्चीला शोध था, और इसका भविष्य स्पष्ट नहीं था। करोड़ों-अरबों रुपए लगा कर कंप्यूटर बन भी गया, तो उसका आखिर होगा क्या?

ऐसी स्थिति में भाभा और महालनोबिस दोनों ने एक ही रास्ता चुना। कलकता और बंबई के कबाड़ छाने गए। अंग्रेज़ों द्वारा छोड़े गए द्वितीय विश्व युद्ध के कलपुर्ज़े तलाशे गए।

आखिर 110 पोटेंशियोमीटर की मदद से कलकता ने बाज़ी मार ली। 1951 में महालनोबिस ने नेहरू को खबर दी कि हमने कंप्यूटर बना लिया है। यह एक एनालोग मशीन थी, जो कुछ जल्दी गणनाएँ कर लेती थी। लेकिन, यह बहुत प्रभावशाली नहीं थी। आज के हिसाब से इसे बेहतर कैलकुलेटर कहा जा सकता है, कंप्यूटर नहीं। अमरीका से आए एक विशेषज्ञ ने इसे 'बहुत ही खराब गुणवत्ता का और अक्सर ग़लत गणनाएँ करने वाला मशीन' कहा।

महालनोबिस ने भी इसे त्याग कर 1956 में इंग्लैंड से एक 'कंप्यूटर जैसा' यंत्र HEC-2M मंगवाया, जो एक सेकंड में दो सौ बड़ी संख्या के जोड़ और पाँच संख्याओं के गुणा कर लेता था। इस भारी-भरकम मशीन को रखने के लिए वातानुकूलित हॉल बनाया गया, जो उन दिनों आम नहीं था। ज़ाहिर है सरकार के लिए यह काफ़ी महंगा सौदा था। उन्हें लगता था कि ऐसे मशीनी हाथी में निवेश के बजाय दस लोगों को काम पर लगा दिया जाए। वे जोड़-गुणा कर लेंगे।

होमी जहाँगीर भाभा जो अक्सर कलकता आते रहते, उन्हें लगा कि यूँ तो कंप्यूटर बनाना असंभव है। यह तो वही बना सकता है, जिसने कंप्यूटर पर लंबा काम किया हो। डिजिटल कंप्यूटर जो अभी दुनिया में बनने ही शुरू हुए थे, उन्हें देखा-समझा हो। भाभा या महालनोबिस के पास ऐसा एक भी व्यक्ति नहीं था, और दोनों तलाश में थे।

आखिर भाभा को ऐसे व्यक्ति मिल गए!

रंगास्वामी नरसिंहन अमरीका से इलेक्ट्रिकल इंजीनियरिंग पढ़ कर लौटे थे। उन्होंने डिजिटल कंप्यूटर पर अपने हाथों से काम किया था। उन्होंने 1954 में छह

युवा भौतिकी शोधियों की एक टीम बनायी। तीन वर्ष में उन्होंने एक छोटा मॉडल तैयार कर लिया। 1959 में इस टीम ने 2700 निर्वात नलियाँ, 1700 डायोड, और 12500 रेजिस्टर की मदद से उस असंभव को संभव कर दिया।

यह एशिया में बना पहला कंप्यूटर था। TIFRAC नामक इस कंप्यूटर की स्मृति और गति अमरीकी प्रथम पीढ़ी कंप्यूटर आइबीएम-701 से बेहतर थी। यह 45 माइक्रोसेकंड में सैकड़ों संख्याओं के जोड़-घटाव कर लेती थी।

यह और बात है कि उस जमाने में एक किलोबाइट मेमोरी रखने के लिए तीस फ़ीट लंबा लोहे का अलमीरा बनाया गया था। आज हम इससे कई हज़ार गुणा मेमोरी एक छोटे से चिप में लिए घूमते हैं!

बहरहाल, ये कंप्यूटर भी भारत की ज़रूरतों के लिए काफ़ी नहीं थे। अमरीका में आइबीएम कंपनी के नए और तेज़ मॉडल बनने लगे थे। महालनोबिस ने नेहरू को कहा कि दिल्ली में योजना आयोग के लिए एक कंप्यूटर मंगवाया जाए। इसकी खबर मिलते ही भाभा ने जुलाई 1962 में नेहरू को चिट्ठी लिखी,

"अगर आप एक ही कंप्यूटर मंगवाने की सोच रहे हैं, तो वह बंबई में स्थापित हो। हमें परमाणु शक्ति की ज़रूरत अधिक है। हाँ! अगर दो कंप्यूटर की योजना है, तो दूसरा महालनोबिस जी के लिए मंगवा सकते हैं"

ब्रिटेन और अमरीका की कंपनियों ने भारत को अपने लुभावने प्रस्ताव भेजने भी शुरू कर दिए कि कंप्यूटर उनसे ही लिए जाएँ। इससे पहले कि नेहरू इस पर विचार करते, देश के सामने एक विकराल समस्या खड़ी हो गयी।

भारत-चीन सीमा पर युद्ध छिड़ गया।

[1] इसी कमिटी का तर्ज़ पर भारतीय योजना आयोग बना, जो अब निति आयोग कहलाता है।

[2] अरविंद केजरीवाल और सुंदर पिचाई के संबंध में

3

आई आई टी

"हम सऊदी अरब से तेल मंगाते हैं, जापान से गाड़ियाँ, कोरिया से टेलीविजन, स्कॉटलैंड से व्हीस्की, लेकिन आपको मालूम है हम भारत से कौन सी बेशक़ीमती चीज मंगाते हैं? हम मंगाते हैं वहाँ के लोग। दुनिया के सबसे दिमागी और परिश्रमी इंजीनियर जो भारत से आते हैं।"

- एक अमरीकी टीवी पत्रकार अपने कार्यक्रम में

मैं मुंबई के आइआइटी कैम्पस कई बार गया हूँ। बाद में वहाँ से मेरे अनुज पढ़े, तो छात्रावास में भी रहा। पहली बार मैं अपने मेडिकल कालेज की तरफ़ से उनके वार्षिक उत्सव में गया था, जो 'मूड इंडिगो' कहलाता है। मुझे एक औचक प्रश्नोत्तरी में मंच पर बुलाया गया और माइक थमा कर पूछा गया कि ऐसा गीत गाइए जो दिलीप कुमार पर फ़िल्माया गया हो और मुकेश ने गाया हो। मैंने गाया- 'सुहाना सफ़र, और ये मौसम हसीं'

भारत के इन आइआइटी का सफ़र यूँ तो सुहाना था, लेकिन इनके बनने का मौसम तो शीत युद्ध का था। तकनीकी दुनिया में कदम बढ़ाते इस देश पर अमरीका और सोवियत दोनों की नज़र थी। जैसे ही खड़गपुर में पहला आइआइटी बना, और भारत कंप्यूटर और परमाणु ऊर्जा की दिशा में बढ़ने लगा, दोनों ही महाशक्तियाँ मैदान में आ गयीं।

सबसे पहले सोवियत यूनियन ने भारत के साथ दिसंबर 1958 में एक करारनामा बनाया, जिसके कुछ अंश यहाँ प्रस्तुत कर रहा हूँ-

"सोवियत सरकार ने यह निर्णय लिया है कि हम भारत सरकार को 1959-60 के लिए निःशुल्क उपहारस्वरूप तीस लाख रूबल देंगे, जिससे आइआइटी बॉम्बे के भौतिकी, इलेक्ट्रिकल इंजीनियरिंग, रेडियो एवम् टेलीविज़न इंजीनियरिंग, इलेक्ट्रॉनिक इंजीनियरिंग, जियोडेसी आदि विभागों का निर्माण किया जाएगा...हम सोवियत सरकार के खर्च पर अंग्रेज़ी बोलने वाले 54 प्रोफ़ेसर भी यहाँ से भेजेंगे, और सोवियत पाठ्यक्रम पुस्तकों का अंग्रेज़ी अनुवाद विद्यार्थियों को निःशुल्क दिया जाएगा।

इस करारनामे के अंतर्गत भारत यह वादा करेगी कि प्रति वर्ष अपने 50 विशेषज्ञों को सोवियत यूनियन भेजेगी, जहाँ उन्हें अंग्रेज़ी माध्यम में प्रशिक्षण दिया जाएगा। प्रशिक्षण पूरा करने के बाद वह भारत में शैक्षणिक और तकनीकी सेवाएँ दे सकते हैं"[1]

इस तरह सोवियत यूनियन की मदद से भारत का दूसरा आइआइटी 1958 में बन कर तैयार हुआ। यह अमरीकी खेमे के लिए बुरी खबर थी कि भारत के वाणिज्य केंद्र बंबई में सोवियत ने तकनीकी छावनी बना दी।

नेहरू जो भारत को गुटनिरपेक्ष कहते थे, उन पर अमरीकी खेमे से यह नैतिक दबाव बनने लगा कि वह सोवियत के साथ एकतरफा समझौता नहीं कर सकते। अगले ही वर्ष बर्लिन में एक और करारनामा बना। पश्चिम जर्मनी (जो अमरीकी खेमे की थी), ने दिल्ली में आइआइटी बनाने का प्रस्ताव रखा। दिल्ली चूँकि राजधानी थी, वहाँ यह संस्थान सोवियत के नहले पर दहला होता। सोवियत यूनियन जिसने अभी बंबई पैसे भेजने शुरू ही किए थे, वह दिल्ली में यह हरगिज होने नहीं देती।

भाग्यवश उस वक्त विकराल रूप ले रहे द्रविड़ आंदोलन ने नेहरू की कुछ मदद की। उन्होंने जर्मनी को इस बात के लिए राजी कर लिया कि वर्तमान राजनीतिक स्थिति में अगर हम कोई ऐसा संस्थान बनाएँ, तो वह तमिलनाडु में ही बने। खड़गपुर और बंबई के बाद अगर कोई उचित स्थान है तो वह मद्रास है। आखिर जर्मनी की मदद से 1959 में मद्रास आइआइटी बन कर तैयार हो गया। वहाँ सोवियत की ही तरह जर्मनी से विशेषज्ञ प्रशिक्षक आए और जर्मन पाठ्यक्रम का अनुवाद किया गया।

देखा जाए तो शीत युद्ध के बदौलत आनन-फानन में भारत को लगभग मुफ्त में दो बड़े तकनीकी संस्थान मिल गए। गुटनिरपेक्ष होने का एक फ़ायदा तो हुआ। लेकिन, इन चीजों के दूरगामी प्रभाव होते हैं। वरना, अमरीका, जर्मनी और सोवियत क्यों मुफ्त में धन-संसाधन बाँटते फिरें? मसलन आइआइटी बंबई पर

सोवियत अपना ऐसा प्रभाव डाल चुका था, जो वर्षों बाद भी कुछ हद तक दिखता है।

आइआइटी बॉम्बे के 1962 बैच के कंवल रेखी लिखते हैं,

"हमारी क्लास से नामी-गिरामी लोग हुए। अरुण नेत्रावली तो मशहूर बेल लैब्स का हेड बना...हमने अपना एक समूह बनाया है और अक्सर मिलते हैं। मुझ जैसे पक्के पूँजीवादी व्यक्ति को यह देख कर हैरानी होती है कि मेरे बैच के लोग आज भी समाजवादी रंग में रंगे हैं...वे इस बात पर चिंता व्यक्त करते हैं कि उदारवाद के बाद उद्योगों में वैतनिक विषमता बढ़ गयी। सीईओ हद से ज्यादा धन अर्जित कर रहे हैं, जो नैतिक रूप से ग़लत है। वे यह मानना ही नहीं चाहते कि दुनिया बदल चुकी है, और ऐसी सोच रख कर कोई फ़ायदा नहीं"

ख़ैर, अमरीकी एमआइटी की पूँजीवादी नकल तो तभी स्थापित होती, जब स्वयं अमरीका आकर बनाता। शीत युद्ध के बदौलत भारत को सबसे आधुनिक आइआइटी भी मिल ही गया, जहाँ पहली बार कंप्यूटर साइंस का विभाग खुला।

सोवियत प्रदत्त बंबई और जर्मनी प्रदत्त मद्रास के बाद शीघ्र ही तैयार हुआ अमरीका प्रदत्त - आइआइटी कानपुर।

෧෨

"आप हम किसानों की उपजाऊ ज़मीन लेकर यह कालेज बनाना चाहते हैं? आखिर ऐसा क्या हासिल होगा इस कालेज से? क्या यह हमारे खेतों से भी अधिक जरूरी है?"

"मणिराम जी! आप मेरा भरोसा करिए, यह कालेज हम सबका एक सुंदर भविष्य रचेगा। क्या आप नहीं चाहते कि हमारे देश में समृद्धि आए?"

- आइआइटी कानपुर के लिए ज़मीन अधिकरण पर किसानों के दल से जवाहरलाल नेहरू, 13 जुलाई 1959

कानपुर में बन रहा संस्थान कई मामलों में एक टर्निंग प्वाइंट था, जब सोवियत संघ के मुक़ाबले अमरीका ने भारत में अपनी तकनीकी पैठ बनानी शुरू की। यह उस स्वप्न का साकार होना भी था कि भारत में एमआइटी जैसी शिक्षा मिलेगी, और अमरीका से विशेषज्ञ प्रशिक्षण देने आएँगे। यह 'कानपुर इंडो अमेरिकन प्रोग्राम' इस तरह भी देखा गया कि भारत सोवियत उन्मुख होने के

बजाय अमरीका उन्मुख होने लगा।

कानपुर आइआइटी को संसाधन और प्रशिक्षण देने के लिए एक-दो नहीं, अमरीका के नौ विश्वविद्यालयों ने गठबंधन बनाया। इनमें एमआइटी, कार्नेगी मेलन, परड्यू, प्रिंसटन, मिशिगन, कैलिफ़ोर्निया जैसे सभी शीर्ष विश्वविद्यालय शामिल थे।

दूसरी दख़ल जो अमरीका ने दी, वह थी अमरीका की कंपनी आइबीएम की तरफ़ से। यह कहना कठिन होगा कि उन्हें भारत में ऐसा क्या भविष्य दिख रहा था, लेकिन वह अपने कंप्यूटरों को जल्द से जल्द भारत में उतारना चाहते थे। हम आगे यह भी पढ़ेंगे कि एक दिन इस कंपनी को बोरिया-बिस्तर बाँध कर भारत से जाना पड़ा, लेकिन एक लंबे समय तक इसका लगभग एकाधिकार रहा।

भारत के पास इतना धन कहाँ था कि उस ज़माने के महंगे कंप्यूटर खरीदे? अगर नहीं था तो कंपनी मुफ्त में भला क्यों बाँटती? ऐसे लगता है कि यह किसी बड़ी और दूरगामी योजना का हिस्सा थी।

"आपको परमाणु शोध के लिए उच्च कोटि की मशीन लगेगी। आप आइबीएम 704 के बजाय 7090 मॉडल लें", जेरोम विज्नर (राष्ट्रपति केनेडी के तकनीकी सलाहकार) ने होमी जहाँगीर भाभा को सुझाया

"दोनों के मूल्य में कितना अंतर है?"

"704 मॉडल 2.19 मिलियन डॉलर की है। 7090 की क़ीमत 2.9 मिलियन डॉलर की। आप चाहें तो हम शैक्षणिक संस्थान की छूट दिलवा सकते हैं। 63000 डॉलर की मासिक क़िस्त भी संभव है।"

"यह तो बहुत बड़ी रकम है। मुझे अपने निवेशकों और भारत सरकार से बात करनी होगी, लेकिन मुझे नहीं लगता कि वे राजी होंगे"

"अगर मूल्य एक मिलियन डॉलर तक ले आएँ? मैं आइबीएम से बात करुँगा, लेकिन आप इस कंप्यूटर के बिना अपना शोध आगे नहीं बढ़ा पाएँगे। आपका कंप्यूटर उन मशीनों के मुक़ाबले बहुत धीमा है।"

भाभा ने अपने सहयोगी गोविंद मेनन को अमरीका भेजा कि वह मशीन देख आएँ और यथासंभव मोल-भाव कर लें। यह भी कहा कि टॉप मॉडल IBM-7090 की ही बात करें। मेनन जो अन्यथा भौतिकी के विशेषज्ञ थे, दाम घटवाने में सफल रहे। वह 518,560 डॉलर की राशि पर सौदा तय कर आए, जो पहले बताए गए मूल्य के अस्सी प्रतिशत डिस्काउंट पर थी!

लेकिन, इतनी विदेशी मुद्रा भारत के रिजर्व बैंक के लिए टेढ़ी खीर थी। एक मशीन के लिए इतने डॉलर आसानी से नहीं दिए जा सकते थे। भाभा अमरीकी

राजदूत जे के गॉलब्रेथ से मिलने गए कि वह कुछ हल निकालें। गॉलब्रेथ ने सुझाया - एक तरीका है। अगर यह रकम अमरीकी सरकार किसी शैक्षणिक ग्रांट के तहत सीधे कंपनी को दे दे। उस स्थिति में आपको एक डॉलर भी अपने जेब से नहीं देने होंगे।

फिर क्या था? भाभा को अमरीकी सरकार से 1.5 मिलियन का ग्रांट मिल गया, और वह आइबीएम से भी बेहतर मशीन देखने लगे। उनके पास चार कंपनियों के ऑफ़र आए, जिसमें मिनियापॉलिस की सीडीसी कंपनी ने बाज़ी मार ली।

10 मई 1964 को बंबई हवाई अड्डे पर पैन-एम का बोइंग उतरा, जिसमें एक भीमकाय कंप्यूटर था। हालाँकि यह अमरीका से आया पहला आधुनिक कंप्यूटर नहीं था।

कुछ महीने पूर्व आइबीएम ने एक कंप्यूटर कानपुर के चकेरी हवाईअड्डे पर उतार दिया था। वहाँ बंबई जैसी सड़कें नहीं बनी थी, तो कानपुर आइआइटी तक ले जाना कठिन था। तब यह तय हुआ कि ग्रामीणों से मदद ली जाए। आखिर वे अपने अनाज तो दूर-दूर ले जाते ही थे, उनसे बेहतर वाहक कौन होता?

जो किसान कभी विरोध कर रहे थे, वही देश के भविष्य को अपनी बैलगाड़ी पर संभाल कर ले जा रहे थे।

❧

भारत और चीन, दोनों ही दुनिया के कंप्यूटर उद्योग के दो स्तंभ हैं। दोनों के सकल घरेलू उत्पाद का लगभग आठ प्रतिशत इसी के बदौलत आता है। भारत जहाँ वैश्विक बाज़ार के सॉफ़्टवेयर और सपोर्ट में बड़ी भूमिका निभाता है, वहीं चीन इसके निर्माण-कार्य और मशीनी असेंबली का केंद्र है। इस कार्य विभाजन के कई वजह हैं, मसलन भारतीयों का अंग्रेज़ी में बेहतर होना या चीनीयों की उद्यमशीलता, लेकिन इसके ऐतिहासिक कारण भी दिखते है।

दोनों ही देशों का कंप्यूटर से परिचय 1950-60 के दशक में शुरू हुआ। अंतर यह था कि जहाँ भारत में सोवियत और अमरीका, दोनों ही खुले हाथ से कंप्यूटर ला रहे थे, आइआइटी बनाने में मदद कर रहे थे; चीन को अमरीका का कोई सहयोग नहीं था और सोवियत ने भी साठ के दशक में कट्टी कर ली। ऐसे में चीन ने खुद ही कंप्यूटर बनाना शुरू किया। उन्होंने सोवियत के मिन्स्क और अमरीका के आइबीएम की नकल उतारनी शुरू की। अपनी ग़लतियों को सुधारते हुए वह धीरे-धीरे 'हार्डवेयर' में बेहतर होते गए।

कुछ ऐसा ही अंतर आइआइटी बंबई और कानपुर में भी मिलता है। जब कानपुर में अमरीकी आइबीएम के कंप्यूटर आए, उसी वक्त बंबई में सोवियत का कंप्यूटर मिन्स्क-2 आया। मिन्स्क 2 के सभी काग़ज रूसी भाषा में थे, और सोवियत ने शुरुआती प्रशिक्षण के बाद इसकी ख़ास सुध नहीं ली। जबकि कानपुर में बाक़ायदा अमरीकी विशेषज्ञ और आइबीएम के इंजीनियर मौजूद होते थे।

उस वक्त के आइआइटी बंबई से पढ़े एक इंजीनियर अपना संस्मरण लिखते हैं,

"हमारे पास कंप्यूटर तो आ गया, लेकिन इसकी पढ़ाई देर से शुरू हुई। कानपुर का विभाग पहले खुल गया। लेकिन, मिन्स्क-2 के साथ ख़ासियत थी कि हमें इसके साथ खेलने की पूरी छूट थी। हम सभी इसके हार्डवेयर को छेड़ कर अपने हिसाब से बदलाव करते रहते। हमें समझाने वाला कोई नहीं था, तो हमने खुद ही इसके पुर्जे समझे, प्रयोग करना सीखा।

वहीं दूसरी तरफ़, कानपुर में कंप्यूटर को ज़रा भी छेड़ने की इजाज़त नहीं थी। वहाँ तो आइबीएम के स्टाफ़ के लिए भी बदलाव करना कठिन था। विद्यार्थी उतना ही प्रयोग करते, जितना उन्हें सिखाया जाता।

इस कारण कानपुर में कायदे से कंप्यूटर की शिक्षा होने के बावजूद अमरीका में बंबई वालों की पूछ अधिक थी। हमने हार्डवेयर को किसी शौकिया मेकैनिक की तरह सीखा था। हम गलतियाँ करते और खुद ही उसका हल निकालते। इसलिए हम समस्याओं को सुलझाना बेहतर जानते थे।"

उनकी बात सही हो सकती है, लेकिन कानपुर में सॉफ़्टवेयर प्रोग्रामिंग जल्दी शुरू हुई और सही तरीके से शुरू हुई। ललित कनोडिया के सहयोग से वहाँ के विद्यार्थियों ने वहाँ पढ़ते हुए ही टाटा स्टील कंपनी के लिए सॉफ़्टवेयर बनाने शुरू कर दिए। 1968 में इसने एक कंपनी का रूप ले लिया जो टाटा कंसल्टेंसी सर्विस (TCS) कहलायी। आज इस कंपनी की बाज़ार पूँजी (मार्केट कैपिटल) लगभग 185 बिलियन डॉलर है!

कानपुर के प्रोफ़ेसर राजारमन ने 1969 में कंप्यूटर प्रोग्रामिंग पर एक महत्वपूर्ण किताब लिख दी, जो सस्ते काग़ज़ पर छपवायी गयी, ताकि अधिक से अधिक लोग खरीद सकें। मुझे यह जान कर ताज्जुब हुआ कि उनकी किताब आज भी छपती है और पढ़ी जाती है।

कानपुर से अस्सी के दशक में पढ़े एक वरिष्ठ मेकैनिकल इंजीनियर ने मुझे बताया, "हमारी आइआइटी में चाहे कोई किसी भी विभाग का होता, वह कंप्यूटर प्रोग्रामिंग करना खूब जानता था। कंप्यूटर तो वहाँ के हवा-पानी में था। हम तो खैर

बाद में आए, हमारे सीनियर तो पंच-कार्ड पर प्रोग्राम लिख कर रखते थे। तब कहाँ होती थी फ्लॉपी, सीडी और पेन ड्राइव!"

मैंने पूछा, "पंच कार्ड? आखिर यह क्या बला थी?"

उनका उत्तर सुन कर मैं दंग रह गया।

[1] मूल एग्रीमेंट इस लिंक पर उपलब्ध - http://www.commonlii.org/in/other/treaties/INTSer/1958/15.html (7 नवम्बर 2024 को आख़िरी बार देखा गया)

बाद में आए, हमारे सीनियर तो पंच-कार्ड पर प्रोग्राम लिख कर रखते थे। तब कहाँ होती थी फ्लॉपी, सीडी और पेन ड्राइव!"

मैंने पूछा, "पंच कार्ड? आखिर यह क्या बला थी?"

4

पंच कार्ड की दुनिया

आज कंप्यूटर गाँव-गाँव तक पहुँच रहा है। हर व्यक्ति जो इस आधुनिक दुनिया में जी रहा है, वह इससे थोड़ा-बहुत परिचित है। अब उनका आकार इतना छोटा हो गया है कि लोग इसे काँख में दबाए घूमते हैं। लेकिन, जब कानपुर और बंबई में पहली बार कंप्यूटर आए थे तो यह एक बड़े हॉल की जगह ले लेता था। इसके बावजूद भी इसमें बमुश्किल 20 KB की स्मृति ही होती थी। आखिर, इससे अंतरिक्ष और परमाणु शोध जैसे कठिन गणनाएँ कैसे की जाती थी?

"गणनाएँ तो लगभग उसी तरह की जाती थी, जैसे आज की जाती हैं। आप कंप्यूटर को एक इनपुट देते हैं, वह आउटपुट देता है"

"जैसे हम कीबोर्ड पर कुछ टाइप करते हैं, और वह स्क्रीन पर आ जाता है"

"हाँ! लेकिन उस वक्त न कीबोर्ड इस रूप में था, और न ही कोई स्क्रीन होता था"

"बिना स्क्रीन के कंप्यूटर?"

"स्क्रीन तो मात्र एक देखने का माध्यम है। आपको अगर निष्कर्ष काग़ज़ पर मिल जाएँ, तो वह काफ़ी है।"

"लोग कंप्यूटर में कुछ टाइप करते थे, और काग़ज छप कर आता था। टाइपराइटर की तरह?"

"टाइपराइटर तो गणना नहीं करता। कंप्यूटर से कंप्यूटर की भाषा में ही संवाद किया जा सकता है।"

"भाषा जैसे हम कीबोर्ड पर कोई अक्षर या अंक लिखते हैं, उसी तरह?"

"कंप्यूटर मूलतः दो ही अंक समझता है- 0 और 1. आपको जो भी कहना है, इन्हीं अंकों में कहिए। जैसे आप कहना चाहते हैं- HELLO, तो इसे इन दो अंकों के

प्रयोग से ही लिखना होगा। यह द्विआधारी (बाइनरी) पद्धति कहलाती है।"

"इन दो अंकों से भला कैसे लिखेंगे"

"लिख सकते हैं, अगर ऐसी कोई प्रणाली बना ली जाए। जैसे H को लिखें- 01001000, E को लिखें- 01000101. इस प्रणाली को ASC (अमेरिकन स्टैंडर्ड कोड) कहते हैं"

"यह तो बहुत कठिन कार्य है। टाइप करते-करते दिन ही निकल जाए"

"हाँ! यह आठ अंकों (या bit) की मदद से लिखा एक अक्षर एक बाइट कहला सकता है। ऐसे एक हज़ार बाइट मिल कर एक किलोबाइट बनेंगे"

"ठीक है। इतने परिश्रम से यह सब अगर टाइप भी कर लिया, तो कंप्यूटर रखता कहाँ? वह तो महज बीस किलोबाइट स्मृति का था"

"काग़ज़ पर। एक पोस्टकार्ड पर ऐसे 10 x 8 की तालिका बना लें, और उसमें जहाँ-जहाँ 0 और 1 लगाने हैं, वहाँ छेद कर दें। यह पंच-कार्ड कहलाता था।"

"लोग पेन ड्राइव या सीडी के बजाय ऐसे काग़ज़ रखते थे। इस काग़ज़ को मशीन में डालते थे, और वह इसे पढ़ कर कंप्यूटर को संदेश दे देता था। एक बड़ी गणना में तो ऐसे कई पोस्टकार्ड लगते होंगे?"

"हाँ! उस ज़माने के कंप्यूटर इंजीनियर ताश की गड्डी की तरह ऐसी कई गड्डियाँ बनाते जाते थे। अगर आज के एक पन्ने का प्रोग्राम लिखना है, तो उसमें ऐसी सौ-सवा सौ गड्डियाँ तो खप जा सकती थी। यह काग़ज संभाल कर रखना होता था कि न मुड़े, न गीली हो। इतना ही नहीं, अगर उस गड्डी में से एक भी काग़ज़ का क्रम बदला गया, तो पूरा प्रोग्राम ग़लत!"

"अच्छा! फिर कंप्यूटर ज़वाब किस तरह देता था? मॉनिटर तो थे नहीं"

"अपनी ही भाषा में। पंच-कार्ड से। आइबीएम की मशीन में एक टेप भी आने लगी थी। जैसे कैसेट की रील होती थी, उसी तरह।"

"फिर उन्हें पढ़ना कितना कठिन होगा! कोड में ही सवाल-जवाब! भाग्य से हम उस युग में नहीं। अब तो स्वाइप करो, काम हो गया"

"हा हा! अब भी जो उस स्वाइप के नेपथ्य घट रहा है, उसकी आधारशिला उसी तरह की कोड भाषा है जो साठ के दशक में प्रयोग की जा रही थी। आइआइटी कानपुर में फार्मूला ट्रांसलेटर (FORTRAN) नामक प्रोग्राम से शुरुआत हुई थी। वह भाषा आज भी कठिन गणनाओं जैसे मौसम विभाग आदि के लिए लिखी जाती है। कंप्यूटर आज भी शून्य और एक की भाषा ही समझता है।"

"हाँ! जब इसी भाषा में इसने पैदा होकर बोलना सीखा, आखिर बड़ा होकर भूल तो नहीं जाएगा"

৩৩

"आपको ताज्जुब होगा कि भारत का पहला प्रमुख उद्योग जो IBM कंप्यूटर पर आश्रित हुआ, वह जूट उद्योग था। इसका कारण था कि वहाँ वेतन समय पर न मिलने पर बहुत हंगामा होता था। आइबीएम कंपनी को यह ठेका दिया गया कि वह कंप्यूटर से वेतन प्रणाली (पेरोल) बनाए...1965 तक इन कंपनियों के लिए कुल तीस कंप्यूटर खरीदे गए"

- सुबर्तो बाग्ची, माइंडट्री कंपनी के संस्थापक

भारत-चीन युद्ध के बाद ही देश को अपनी इलेक्ट्रॉनिक क्षमता में कमी खलने लगी थी। इस कारण नेहरू ने होमी जहाँगीर भाभा के नेतृत्व में 1963 में एक कमिटी बनायी, जिसका लक्ष्य था देश को कंप्यूटर और इलेक्ट्रॉनिक उपकरणों में सक्षम बनाना। अगले वर्ष नेहरू की मृत्यु हो गयी, तो लाल बहादुर शास्त्री ने इस कार्य को आगे बढ़ाया।

1966 की जनवरी में इस कमिटी ने यह तय किया कि अगले दस वर्षों में दस बड़े कंप्यूटर, सौ से अधिक मध्यम आकार के कंप्यूटर और एक हज़ार छोटे कंप्यूटर लगाए जाएँगे। अगर ऐसा हो पाता तो भारत इस दिशा में कहीं आगे निकल जाता। लेकिन उसी महीने कुछ अप्रत्याशित घटा।

इससे पहले कि प्रधानमंत्री शास्त्री ताशकंद से लौट कर इस पर हस्ताक्षर करते, 11 जनवरी को उनकी वहीं मृत्यु हो गयी। होमी जहाँगीर भाभा नयी प्रधानमंत्री इंदिरा गांधी के साथ इस पर हस्ताक्षर करने वाले थे, लेकिन 24 जनवरी को उनकी भी यूरोप में हवाई दुर्घटना में मृत्यु हो गयी। आज तक कयास लगते हैं कि ये दोनों ही मृत्यु किसी वैश्विक षडयंत्र का हिस्सा थीं। ख़ास कर इसलिए कि ये महज तेरह दिन के अंतराल पर विदेशों में हुई, और एक महत्वपूर्ण काल-बिंदु पर हुई।

भाभा के जाने के बाद जिन व्यक्ति ने इसकी कमान संभाली, वह एक वैज्ञानिक और व्यवसायी, दोनों की बुद्धि रखते थे। भौतिकी वैज्ञानिक विक्रम साराभाई ने 1961 में अहमदाबाद में भारतीय प्रबंधन संस्थान (आइआइएम) की स्थापना करने में भूमिका निभाई थी। वह जानते थे कि आइआइटी का पूरक यह संस्थान बन सकता है। देश को कुशल इंजीनियर के साथ कुशल मैनेजर की भी ज़रूरत होगी।

मसलन इन दोनों संस्थानों की जुगलबंदी का एक उदाहरण देता हूँ।

• 25 •

1967 में कर्नाटक से एक इलेक्ट्रिकल इंजीनियर ने आइआइटी कानपुर के मास्टर्स में दाखिला लिया। उन्होंने पहली बार अपनी आँखों से कंप्यूटर देखा और इससे मोहित हो गए। वह अपने संस्मरण में लिखते हैं-

"1968 की एक सुबह नाश्ते पर मुझे एक कंप्यूटर साइंटिस्ट मिले। उन्होंने बातों-बातों में मुझे कहा कि कंप्यूटर ही भविष्य है, और मुझे इसी की पढ़ाई करनी चाहिए। मुझे उन्होंने कुछ किताबें सुझायी। मैं नाश्ता करते ही पुस्तकालय गया और वह पुस्तकें लेकर आ गया। मुझे आज लगता है कि उस दिन नाश्ते पर जो कुछ हुआ, उसने मेरा जीवन ही बदल दिया।"

यह सुझाव देने वाले व्यक्ति आइआइएम अहमदाबाद के प्रोफ़ेसर कृष्णय्या थे, जो वहाँ कंप्यूटर विभाग बना रहे थे। उन्होंने 1969 में उस विद्यार्थी के मास्टर्स पूरा करने पर अपने पास बुला लिया।

वह आगे लिखते हैं,

"मैं और प्रोफ़ेसर कृष्णय्या रात के दस बजे से सुबह चार बजे तक कंप्यूटर के प्रोग्राम लिखा करते। आख़िर एक दिन हमने आइआइएम अहमदाबाद में भारत का पहला BASIC प्रोग्रामिंग कंप्यूटर तैयार कर लिया!"

आइआइटी और आइआइएम दोनों की दुनिया देख रहे उस युवक ने बारह वर्ष बाद छह अन्य इंजीनियरों के साथ पुणे में एक कंपनी बनायी- इंफ़ोसिस। उन व्यक्ति का नाम तो हम जानते ही हैं।

एन आर नारायण मूर्ति।

❦

"कंप्यूटर लोगों की नौकरियाँ छीन लेगी। अमरीकी कंपनियाँ भारत से सारा धन अमरीका ले जा रही हैं। सत्तर के दशक में इस भय ने भारत की कंप्यूटर प्रगति को धीमा कर दिया। ऐसा नहीं कि ये आशंकाएँ ग़लत थी, लेकिन हमें इस भविष्य से मुँह मोड़ने के बजाय इसका हल निकालना चाहिए था"

- एक वरिष्ठ कंप्यूटर विशेषज्ञ

इंदिरा गांधी के आने के बाद सत्तर के दशक में राजनीतिक उठा-पटक शुरू हो रही थी। इसका कुछ असर कंप्यूटर की दुनिया पर भी पड़ रहा था, जो अभी ठीक से अपने पैरों पर खड़ी भी नहीं हुई थी। आइआइटी और आइआइएम बनने के बावजूद भी।

आइआइटी के विषय में तो कहावत थी कि यहाँ दाखिला लेते ही छात्र की आत्मा अमरीका पहुँच जाती है, पास करने के बाद उसका शरीर पहुँचता है। इसे लोग 'ब्रेन-ड्रेन' कहने लगे क्योंकि भारत में उन इंजीनियरों के लिए बहुत अधिक अवसर नहीं थे। हालाँकि साठ-सत्तर के दशक में जो लोग अमरीका पहुँच गए, उन्होंने भविष्य में भारत को सॉफ़्टवेयर तकनीक की धुरी बनाने में सहयोग भी दिया।

मसलन ललित कनोडिया 1963 में आइआइटी बंबई से मेकैनिकल इंजीनियरिंग पढ़ कर अमरीका गए। वहाँ से कंप्यूटर की पढ़ाई कर लौटे, और 1966 में टाटा की मदद से कंप्यूटर सेंटर बनाया। दो वर्ष बाद अमरीका से ही फकीर चंद कोहली जुड़े, और उन्होंने टाटा कंसल्टेंसी सर्विस (TCS) की स्थापना की। इन दोनों के नेटवर्क के बदौलत एक अमरीकी कंपनी 'बरो' (Burrough) का पहला सॉफ़्टवेयर प्रोजेक्ट मिला, और भारत में विदेशी डॉलर आने शुरू हुए। इस कारण कोहली को भारतीय आइटी उद्योग का पितामह भी कहा जाता है।

भारत में डॉलर आना तो ठीक था, लेकिन डॉलर का जाना सरकार को खल रहा था। कुछ हद तक वाज़िब भी था क्योंकि उस वक्त लगभग सभी कंप्यूटर और उसके पार्ट आयात ही किए जाते थे। उसका बड़ा हिस्सा अमरीकी कंपनी आइबीएम और छोटा हिस्सा ब्रिटिश कंपनी आइसीएल से आता था। ख़ास कर आइबीएम चाहती थी कि अपना जाल देश के सभी सरकारी संस्थानों, इंजीनियरिंग कालेजों और उद्योगों में फैला ले। यह बात अब खलने लगी थी, मगर आइबीएम की सर्विस बेहतरीन थी।

उस वक्त के एक इंजीनियर बताते हैं, "आइबीएम कंपनी के साथ करारनामा यह था कि अगर कोई खराबी आती है, तो उनके इंजीनियर चौबीस घंटे के अंदर इसका निदान शुरू करेंगे। ऐसा कई बार हुआ कि जब उनके स्थानीय इंजीनियर से बात नहीं बनी तो अमरीका से उसी दिन एक विशेषज्ञ हवाई जहाज पर बैठ जाता था। ऐसी सर्विस तो आज भी मिलनी कठिन है...लेकिन यह भी सच है कि एकाधिकार होने के कारण वह इसकी मोटी रकम लेती थी"

1972 में इंदिरा गांधी सरकार ने पहली नकेल कसी। आर वेंकटरमन (जो बाद में राष्ट्रपति बने) की कमिटी ने कहा कि भारत में बेरोज़गारी पहले से अधिक है। इसलिए जब भी किसी उद्योग या संस्थान में कंप्यूटर लाया जाए, तो पहले इस बात की तस्दीक़ की जाए कि एक भी नौकरी नहीं जाएगी। इसके लिए उन्होंने लेबर यूनियन से करारनामे का सुझाव दिया। यह फ़ैसला आइबीएम को गले नहीं उतरा।

दो वर्ष बाद ही दूसरी नकेल यह कसी गयी कि भारत में विदेशी कंप्यूटर इसी शर्त पर आएँ कि बदले में वे हमसे सॉफ़्टवेयर खरीदें या भारत में नौकरियाँ दिलाएँ। इस स्कीम का फ़ायदा टीसीएस कंपनी को मिला। चूँकि वे अमरीका को सॉफ़्टवेयर बेच रहे थे, उन्हें कंप्यूटर आयात करने की इजाज़त थी।

तीसरी नकेल जो 1973-74 में कसी गयी वह आइबीएम की ताबूत पर आखिरी कील साबित हुई। विदेशी कंपनियों को यह कहा गया कि उन्हें अपने साठ प्रतिशत शेयर भारतीय कंपनी के नाम करने होंगे। इसका अर्थ था कि वे सारी कमाई लेकर अमरीका नहीं जा सकेंगे। यह कानून कहा गया- विदेशी मुद्रा विनिमयन अधिनियम (FERA)।

ब्रिटिश कंपनी आइसीएल अपना साठ प्रतिशत शेयर भारतीयों को देने के लिए राजी हो गयी, मगर आइबीएम भारत से अपना बोरिया-बिस्तर बाँधने की तैयारी करने लगी। इंदिरा गांधी को हरा कर आयी जनता पार्टी की सरकार से भी बात बिगड़ती ही जा रही थी। ऐसा लग रहा था कि इस अमरीकी कंपनी के बिना भारत हमेशा के लिए कंप्यूटर की दुनिया से दूर होकर बैलगाड़ी युग में वापस लौट जाएगा।

लेकिन कभी-कभी कदमों को पीछे लाना एक लंबे छलाँग की आहट होती है।

๑

जब आइबीएम और कोका-कोला ने भारत छोड़ा, उस वक्त जॉर्ज फ़र्नांडीस उद्योग मंत्री थे। इस कारण इसका ज़िम्मेदार उन्हें ही बताया जाता है, हालाँकि मूल वजह इंदिरा गांधी के समय लायी गयी FERA कानून थी।

आइबीएम जैसी शीर्ष विदेशी कंपनी का भारत त्यागना दरअसल उन भारतीय कंपनियों को जन्म दे गया, जो आज भारत की टॉप कंपनियाँ हैं। एचसीएल, पटनी कंप्यूटर्स, इंफोसिस, टीसीएस, विप्रो, जेनिथ, डीसीएम जैसी तमाम कंपनियाँ आइबीएम जैसे बरगद के नीचे बड़ी मुश्किल से पल पाती। लेकिन, इसके उखड़ते ही ये अंकुरित-फलित होने लगी।

आइबीएम ने बोरिया-बिस्तर बाँधते हुए सभी सर्विस अपने भारतीय इंजीनियरों के हवाले किए। उन इंजीनियरों ने भारत सरकार की मदद से सीएमसी (कंप्यूटर मेंटेनेंस कॉरपोरेशन) नामक कंपनी बना ली, और भारत में लगे आइबीएम कंप्यूटर का पूरा भार संभाल लिया।

वहीं शिव नादर नामक एक युवा इंजीनियर डीसीएम कंपनी में कंप्यूटर बनाने और उन्हें बेचने की जुगत लगा रहे थे। उन दिनों को याद करते हुए उनके सहयोगी

अजय चौधरी कहते हैं,

"हम महाराष्ट्र के चीनी मिलों में कंप्यूटर बेचने निकलते[1]। वहाँ सुविधा यह थी कि उनके एक ही मालिक होते, जिनके हाथ में शक्ति केंद्रित होते। लेकिन वे शाम को पाँच बजे के बाद ही मिलते। हमें पूरे दिन उनके मिल के बाहर इंतज़ार करना पड़ता, और डील फ़ाइनल होते-होते रात हो जाती। हमें वापस बंबई जाने की बस नहीं मिलती, तो अक्सर उन मिलों की ट्रक में बैठ कर जाते, जो रात को चला करती थी!"

आखिर शिव नादर और अजय चौधरी ने अपनी कंपनी बनाने का फ़ैसला किया। 1976 में उत्तर प्रदेश सरकार ने एक इलेक्ट्रॉनिक कॉर्पोरेशन बनाया था। ये दोनों उसके अध्यक्ष कर्नल राय से मिलने गए कि वे कंप्यूटर बनाने में सरकारी सहयोग चाहते हैं। उन्होंने डील दी कि उत्तर प्रदेश 26 प्रतिशत तक निवेश करेगी, बाकी के 74 प्रतिशत का प्रबंध उन्हें ही करना होगा। चूँकि इसमें सरकार का निवेश था, तय हुआ कि इसका नाम भी देश के नाम पर रखा जाए। यह कंपनी 'हिंदुस्तान कंप्यूटर लिमिटेड' (HCL) नाम से रजिस्टर हुई। आज कई लोगों को ताज्जुब हो सकता है कि भारत में आइटी आत्मनिर्भरता की नींव रखने में उत्तर प्रदेश सरकार का बड़ा हाथ है।

अजय चौधरी आगे बताते हैं,

"सबसे पहला कंप्यूटर हमने आइआइटी खड़गपुर को बेचा। उसके बाद तो एक-एक कर कई संस्थानों को। हमारे नाम में हिंदुस्तान होने से उन्हें यह भी लगता था कि हम सरकारी कंपनी हैं, तो हम पर अधिक विश्वास किया जा सकता है। समस्या यह थी कि हम कंप्यूटर बेच तो आते थे, मगर हमारे पास मशीनें नहीं थी। हमें 31 मार्च की डेडलाइन दी जाती, और हम दिन-रात मेहनत कर 30 मार्च तक ही कंप्यूटर दे पाते। धीरे-धीरे समय पर डिलिवरी ही हमारी पहचान बन गयी।"

ये लोग तो ख़ैर कंप्यूटर उद्योग से जुड़े थे। अज़ीम प्रेमजी का कंप्यूटर से कोई लेना-देना नहीं था। उनकी कंपनी वेस्टर्न इंडिया प्रोडक्ट्स (WIPRO) तो अपना ख़ानदानी वनस्पति और साबुन उद्योग चलाती थी। जब आइबीएम ने भारत छोड़ा, तो उन्हें लगा कि कंप्यूटर एक अच्छा निवेश हो सकता है। उन्होंने आइआइटी खड़गपुर से इंजीनियर श्रीधर मित्ता को इसकी ज़िम्मेदारी सौंपी। 1981 में उन्होंने अपना स्वदेशी कंप्यूटर विप्रो-86 बना लिया।

यह आश्चर्यजनक था क्योंकि उसी वर्ष आइबीएम ने अमरीका में अपना पर्सनल कंप्यूटर बनाया था, जबकि उससे कहीं कम मूल्य (83,500 रुपए) में विप्रो और एचसीएल के कंप्यूटर भारत में बिकने लगे।

अब ज़रूरत थी भारी संख्या में कंप्यूटर विशेषज्ञों की।

कुछ ही वर्ष पूर्व आइआइटी कानपुर के प्रोफ़ेसर वी राजारामन अपने मित्र एस सद्गोपन से कह रहे थे,

"अब मात्र आइआइटी और अन्य कालेजों के इंजीनियर से देश की बढ़ती ज़रूरतों का निदान नहीं होगा। और-तो-और हमारे कई विद्यार्थी अमरीका चले जाते हैं। कंप्यूटर बीए और बीएससी पढ़े लोगों को भी सिखाया जा सकता है। क्यों न हम भारत में एक नयी डिग्री शुरू करे, जिसके लिए इंजीनियर होना अनिवार्य न हो?"

"हाँ! मगर उसका नाम क्या रखें?"

"मैं सोच रहा था...एमबीए की तरह...एमसीए?"

[1] डीसीएम कंपनी उस वक्त एक वैज्ञानिक गणक या कैलकुलेटर बनाती थी, जिसे उन दिनों कंप्यूटर भी कहा जाने लगा

5

जनता कंप्यूटर

"जब आइआइटी से पढ़े लगभग सभी छात्र अमरीका ही जाने लगे, तो यह शंका होने लगी कि भारत-निर्माण के उद्देश्य से बने संस्थान क्या वास्तव में अमरीका-निर्माण कर रहे हैं!...एक आइआइटी छात्र पर सरकार 16,400 रुपए प्रति वर्ष खर्च करती थी। इसकी तुलना में देखें तो एक रिजनल इंजीनियरिंग कालेज छात्र पर 7000 रुपए, राज्य इंजीनियरिंग कालेज पर 3000 रुपए, सेकंडरी स्कूल पर 230 रुपए, प्राथमिक विद्यालय पर 24 रुपए खर्च होते...जिस वक्त भारत की प्रति व्यक्ति आय 425 रुपए थी, उस समय आइआइटी छात्र पर चालीस व्यक्तियों के आय के बराबर खर्च किया जाता था।"

- पुस्तक 'द टेक्नोलॉजिकल इंडियन' से

मैं मई-जून 2000 में एक किशोर वैज्ञानिक प्रोत्साहन योजना के तहत भारतीय विज्ञान संस्थान, बेंगलुरु गया था। यह वहाँ के वैज्ञानिकों के साथ एक ग्रीष्मकालीन सत्र था। वहाँ मुझे छोड़ कर अधिकांश विद्यार्थी आइआइटी से आए थे। रोज के चाय-नाश्ते पर और छात्रावास में उनसे चर्चा होती। वे बैरॉन नामक एक गाइड पुस्तक का अभ्यास करते रहते, जो अमरीकी विश्वविद्यालयों में दाखिले के लिए थी। उन्होंने मुझे बताया कि वे वहाँ सिर्फ़ एक अनुशंसा पत्र (रिकंमेंडेशन) लेने आए हैं, जिससे अमरीका जाने में सुविधा होगी।

जरूरी नहीं कि सभी विदेश ही जाना चाहते हों, मगर आइआइटी में यह वातावरण था। जो लोग अन्यथा भी सोचते, वे देर-सबेर अपने मित्रों की संगति में ऐसा ही करते। अक्सर वहाँ के स्टाइपेंड भारतीय आरंभिक वेतन से अधिक होते,

और वहाँ शोध और नौकरियों की संभावनाएँ अधिक थी। 1961 में जब एक बहुत कठिन परीक्षा IIT-JEE शुरू की गयी, तो इस संस्थान में भारत के शीर्ष कोटि के छात्र ही पहुँच पाते। ऐसे विद्यार्थियों की माँग अमरीका में बहुत बढ़ गयी।

हालाँकि इसके पूर्व भी अमरीका उन्हें हाथों-हाथ उठाता था।

1958 के आइआइटी खड़गपुर से पढ़े प्रमोद रावत अपना अनुभव बताते हैं कि वह पास होने के बाद एक सम्मेलन में जर्मनी के हैम्बर्ग गए। वहाँ के अमरीकी वक्ता से उन्होंने पूछा कि मैं इस विषय पर आगे शोध कैसे करूँ। उन्होंने एक वाक्य में कहा- एमआइटी को लिखो। रावत कहते हैं-

"मुझे तो एमआइटी का पता भी नहीं मालूम था। मैंने लिफ़ाफ़े पर बस लिखा- मैसाचुसेट्स इंस्टीच्यूट ऑफ़ टेक्नोलॉजी, यूएसए, और अपनी रुचि और परिचय भेज दिया। अगले ही वर्ष मुझे वहाँ बुला लिया गया!"

बहरहाल, भारत में जो कंपनियाँ अपनी नींव तैयार कर रही थी, उनके लिए यह बड़ी समस्या बनती जा रही थी। उनको भी कंप्यूटर इंजीनियरों की ज़रूरत थी, मगर वे उन्हें वेतन और सुविधाएँ देने में सक्षम नहीं थे। ऐसे समय में आइआइटी प्रोफ़ेसर राजारामन ने एमसीए डिग्री की सोची, जिसमें कोई भी ग्रैजुएट दाखिला ले सकता था।

पहली प्रमुख कंपनी जिसने एक एमसीए को नौकरी दी, वह थी टाटा कंसल्टेंसी सर्विस (टीसीएस)। यह फ़ैसला एक झिझक से साथ लिया गया था कि पता नहीं यह नयी-नवेली डिग्री किसी काम की होगी भी या नहीं। हालाँकि टीसीएस के वह पहले एमसीए व्यक्ति एन चंद्रशेखरन वर्षों बाद उस कंपनी के सीईओ बने!

वहीं बंबई के टाटा इंस्टीट्यूट ने 1978 में कंप्यूटर साइंस में डिप्लोमा कोर्स शुरू कर दिया। इसके दूसरे बैच से पढ़े शिबुलाल पटनी कंप्यूटर से जुड़े और वहाँ के कुछ मित्रों के साथ 1981 में इंफ़ोसिस कंपनी की स्थापना की।

ये कुछ उदाहरण हैं कि भारतीय कंपनियों ने किस तरह आइआइटी से बाहर की प्रतिभाओं को तकनीकी प्रगति में भागीदार बनाया, और उन्होंने भी खुद को साबित किया। आज स्थिति यह है कि देश-विदेश के तमाम भारतीय कंप्यूटर विशेषज्ञ आइआइटी से अलग बनी इस दुनिया से हैं। आखिर, प्रतिभा तो संभावनाओं से ही बनती-निखरती है।

अब कंप्यूटर को इंजीनियरों से इतर घर-घर में लाने की ज़रूरत थी। जिसे आम जनता भी प्रयोग कर सके। 1984 में बंबई में स्थापित नैशनल सेंटर ऑफ़ सॉफ़्टवेयर टेक्नोलॉजी की निदेशक एस. रमानी कहते हैं-

"हम चाहते थे कि न सिर्फ़ इंजीनियर या वैज्ञानिक, बल्कि हर व्यक्ति कंप्यूटर सीखे। हमने पहला चौबीस घंटे खुला रहने वाला केंद्र बनाया, जहाँ कोई भी शुल्क देकर कंप्यूटर सीख सकता था। इसका प्रयोग कर सकता था"

उसी वर्ष संयोगवश भारत में एक अपेक्षाकृत युवा प्रधानमंत्री बने। पारंपरिक नेताओं से अलग उनकी मित्र-मंडली को अख़बार कहने लगे- कंप्यूटर छोकरे (Computer boys)

भारत में कंप्यूटर राजीव गांधी नहीं लाए। कंप्यूटर तो उनसे दशकों पूर्व आ चुका था। आइबीएम कंपनी दो दशक बिता कर जा भी चुकी थी। आइआइटी कानपुर में कंप्यूटर साइंस के बीस बैच छात्र हो चुके थे। टीसीएस, पटनी कंप्यूटर, एचसीएल, इंफ़ोसिस, जेनिथ, डीसीएम इत्यादि कंपनियाँ बन चुकी थी। भारत ने अपने पहले पर्सनल कंप्यूटर बना लिए थे, जो आइबीएम के पहले पर्सनल कंप्यूटर (1981) के साथ ही आए। भारत हार्डवेयर बनाने और सॉफ़्टवेयर बेचने की शुरुआत कर चुका था। सैकड़ों बी.टेक., एम.सी.ए. और कंप्यूटर डिप्लोमा मौजूद थे। उन अनगिनत लोगों ने यह कंप्यूटर की दुनिया बनायी।

फिर भी राजीव गांधी को अगर कंप्यूटर मैन या उनकी मंडली को कंप्यूटर बॉय्ज कहा जाने लगा, इसकी वजह शायद यह थी कि वह इस नए युग में अपनी युवा छवि के साथ आए। चूँकि वह स्वयं पायलट थे, वह तकनीकी से कुछ हद तक परिचित थे, और करीब से देखा था। भाग्य से वह उस मोड़ पर खड़े थे जब कंप्यूटर शोध और गणनाओं की दुनिया से निकल कर भारत के घर-घर में प्रवेश करने वाला था। जब लोग ट्रेन की टिकट कटाने, बैंक का पासबुक बनाने, या परीक्षा का परिणाम देखने जैसी रोज़मर्रा की चीजों के लिए कंप्यूटर देखने वाले थे।

इसकी तुलना अगर हवाई जहाज से करें तो कभी वह भी सेना तक सीमित था। जब वह जन-परिवहन बन कर उभरा, तो उसका दायरा बढ़ गया, और आज हम छोटे-छोटे शहरों में हवाई अड्डे देख रहे हैं। यह एक लिहाज से आधुनिक तकनीक का सार्वजनीकरण कहा जा सकता है।

राजीव गांधी पर एक संस्मरण में प्रभाकर देवधर ने कुछ यूँ कहा,

"राजीव जब पायलट थे, तो उन्हें अक्सर बंबई में चौबीस घंटे का विराम लेना होता। उन्हें म्यूज़िक सिस्टम में रुचि थी तो वह अक्सर मनुभाई देसाई की दुकान पर हाई-फाई ऑडियो सिस्टम देखते। मैंने उन्हीं दिनों इंग्लैंड से एक ZX माइक्रोकंप्यूटर मंगवाया था। मनुभाई ने मुझे राजीव को दिखाने कहा, और वह बड़े

शौक़ से पूछ रहे थे कि यह किस तरह के काम कर सकता है...यह अक्तूबर 1982 की बात है जब राजीव सांसद बन गए थे, प्रधानमंत्री नहीं बने थे...उसके बाद तो वह नियमित मेरी इलेक्ट्रॉनिक फ़ैक्टरी में आने लगे"

राजीव गांधी को इन मुलाक़ातों में यह मालूम पड़ा कि लाइसेंस राज और लक्ज़री-टैक्स की वजह से भारत का इलेक्ट्रॉनिक उद्योग धीमा पड़ा है। टेलीविजन या पर्सनल कंप्यूटर जैसी चीजें चूँकि लक्ज़री में गिनी जाती, उनके उद्योग पर नियंत्रण किया गया था, और मूल्य बहुत अधिक थे। नतीजतन चीन और ताइवान से इलेक्ट्रॉनिक सामान आ रहे थे।

विडंबना यह कि जब 1982 में भारत में एशियन गेम्स आयोजित किए, तो विदेश से रंगीन टेलीविजन आयात किए गए। स्वयं राजीव ने उस वर्ष अपना पहला कंप्यूटर तोशीबा कंपनी से खरीदा। राजीव गांधी उस समय एशियन गेम्स के आयोजन की देख-रेख कर रहे थे। भारत के नैशनल इंफॉर्मैटिक्स सेंटर ने पहली बार एशियन खेल में कंप्यूटर का उपयोग किया। यह अपेक्षाकृत नयी चीज थी, जब अठारह अलग-अलग मैदानों और स्विमिंग पूल में हो रहे खेलों के आँकड़े सीधे प्रेस रूम में आ रहे थे।

उन दिनों को याद करते एन आइ सी के तत्कालीन अध्यक्ष एन शेषगिरी एक साक्षात्कार में कहते हैं,

"मैंने जान-बूझ कर डॉ. बी के गोइराला को राजीव गांधी को कंप्यूटर सिखाने के लिए नियुक्त किया...इसी बहाने हम अन्य नेताओं जैसे विश्वनाथ प्रताप सिंह, नरसिंह राव को भी एक नयी कंप्यूटर पॉलिसी बनाने के लिए समझाने लगे"

आखिर 1984 में इंदिरा गांधी सरकार ने नयी कंप्यूटर पॉलिसी को मंजूरी दी, लेकिन इसकी सार्वजनिक घोषणा से पहले उनकी हत्या हो गयी। नए प्रधानमंत्री राजीव गांधी ने उनके जयंती 19 नवंबर 1984 को इस कंप्यूटर पॉलिसी की घोषणा की।

उस वर्ष राजीव गांधी ने एक कंप्यूटर का अनावरण किया, जिसका नाम था- पीपल्स पीसी यानी जनता का कंप्यूटर।

यह ई टी एंड टी कॉर्पोरेशन ने बनाया था, जिसके अध्यक्ष वही व्यक्ति थे जिन्होंने कभी बंबई में राजीव गांधी को कंप्यूटर दिखाया था- प्रभाकर शंकर देवधर।

भारत में कंप्यूटर की दुनिया बनाने वाले अनगिनत व्यक्तियों में एक वह भी थे।

৩৩

जनता को कंप्यूटर से क्या काम?

आज यह बात अटपटी लग सकती है, लेकिन अस्सी के दशक में अगर हमें कोई कहता कि पचास हज़ार रूपए की एक मशीन खरीद लें, वह आपके लिए तेज गणनाएँ कर देगी, हम वह क्यों खरीदते? गणना करने के लिए कैलकुलेटर काफ़ी है। आम जनता को आखिर कितने हिसाब लिखने ही होते हैं? डायरी में दूध वाले या अखबार का हिसाब लिखा जा सकता है, और यही प्रथा आम थी।

अगर कोई यह कहे कि कंप्यूटर पर बेहतर टाइप कर उसे सुरक्षित रख सकते हैं, यह भी ख़ास उपयोगी नहीं लगती। टाइपराइटर भी तो लेखक या पत्रकार जैसे लोगों के काम की थी। आम जनता के लिए कलम-काग़ज़ काफ़ी थे। यूँ भी उन कंप्यूटरों की इतनी मेमोरी नहीं थी कि बहुत ज्यादा चीजें सुरक्षित रखें। चौकोर फ्लॉपियों का अंबार खड़े करने से बेहतर था कि अच्छे ज़िल्द वाली फ़ाइल रख लें।

इसलिए राजीव गांधी का वह 'जनता कंप्यूटर' सिर्फ़ अनावरित ही हुआ, जनता तक पहुँच नगण्य रही। विप्रो और एचसीएल जैसी कंपनियों ने जो आरंभिक कंप्यूटर बनाए, वे भी संस्थाओं और उद्योगों तक ही सीमित रहे। आम जनता को तो टेलीविजन और रेडियो के लिए पैसे जोड़ने पड़ते थे, वे क्या कंप्यूटर खरीदते?

इसे अब यूँ देखना चाहिए कि हम आज कंप्यूटर क्यों खरीदते हैं? टाइप करने के लिए? चीजें सुरक्षित रखने के लिए? गाना सुनने के लिए? शायद अधिकांश लोग कंप्यूटर (या आज की दुनिया में स्मार्टफ़ोन) उस वक्त खरीदने लगे जब यह एक संचार माध्यम बना। जब किसी पिता को अमरीका में कार्यरत अपने बेटे से चिट्ठी लिख कर या चैट कर बात करनी होती। जब दूर देश-विदेश से खबरें पढ़नी होती। जिसे हम आज इंटरनेट कहते हैं, उसके बिना तो कंप्यूटर आम आदमी के लिए एक ख़ामख़ा चीज थी। टेलीविजन को लोग इडियट बॉक्स कहते, यह दिमागी कंप्यूटर तो उनके लिए उससे भी बड़ा इडियट था। आधे घंटे पहले ऑन करो, और स्क्रीन पर एक फ़िल्म भी नहीं देख सकते।

रही बात संचार-माध्यम की, डाक से चिट्ठी देर-सबेर आ ही जाती थी। त्वरित संचार के लिए टेलीग्राम की सुविधा थी। भारत में धीरे-धीरे टेलीफ़ोन घरों में आने लगे थे। मैं सैम पित्रोदा या टेलीकॉम की कहानी यहाँ नहीं लिखूँगा, क्योंकि वह अलग ही विषय है। लेकिन देश-विदेश बातचीत के लिए डाकखाने से ट्रंक कॉल या अंतरराष्ट्रीय कॉल जैसी सुविधाएँ आ रही थी, जिनसे मुक़ाबला करने लायक़ कंप्यूटर उस वक्त हुई नहीं थी।इस तरह की सोच भी पूरी तरह नहीं आयी थी कि कंप्यूटर का ऐसा भी उपयोग संभव है।

1977 में बंबई के टाटा इंस्टीट्यूट ने एक स्थानीय इंजीनियरिंग कालेज विक्टोरिया जुबली टेक्निकल इंस्टीट्यूट(VJTI) से एक टेलीफ़ोन लाइन जोड़ा, और एक ऐसा कोड लिखा गया जिससे दोनों स्थान के कंप्यूटरों के मध्य संवाद हो सकता था। यह मूलतः अमरीकी शोध संस्थानों के मध्य स्थापित ARPANET से प्रेरित था। यह एक शोध के सिलसिले में किया जा रहा था, इसलिए इसका कोई बृहद उद्देश्य नहीं था।[1]

1981 में जब अंतरिक्ष संस्थान इसरो ने ऐप्पल नामक एक सेटेलाइट स्थापित किया, तो इसकी मदद से बंबई, अहमदाबाद और गाजियाबाद के कंप्यूटरों के मध्य एक लिंक स्थापित किया गया। उसके लिए इन तीनों जगहों पर बीस फीट व्यास के डिश एंटीना लगाए गए थे। पहली बार एक 32 kbp का मोडम बनाया गया, जिससे कि ये कंप्यूटर आपस में जुड़े।

अगले वर्ष के एशियन खेलों में एक बार फिर टेलीफोन लाइन के जरिए कंप्यूटर पर डाटा भेजे गए, जो खेल के मैदान से प्रेस रूम तक आँकड़े पहुँचा रहे थे।

1984 में इनका दायरा बढ़ा कर यह तय किया गया कि भारत के सभी आइआइटी और बेंगलुरु के भारतीय विज्ञान संस्थान के कंप्यूटरों को जोड़ा जाए। इस तरह के संचार को इंट्रानेट कहते हैं, जो संस्थानों तक सीमित होते हैं, सार्वजनिक नहीं होते। भारत में इसे नाम मिला- एजुकेशन एंड रिसर्च नेटवर्क (ERNET)। इसके माध्यम से इन संस्थानों के मध्य चिट्ठियाँ भेजी जानी मुमकिन थी, जो टेलीफ़ोन से धीमी पहुँचती, मगर डाक से तो तेज़ ही पहुँचती। घंटे-दो घंटे में एक छोटी फ़ाइल भी पहुँचने लगी। हालाँकि तस्वीरें या विडियो भेजना उस वक्त कठिन था, क्योंकि उनमें डाटा अधिक होता। उस समय की स्पीड ही 9.6 kbp थी, जो आज की हमारी इंटरनेट गति का हजारवाँ अंश भी नहीं थी।

ठीक है, चंद चिट्ठियाँ दो संस्थानों के बीच तेज पहुँच गयी, इससे भी आम जनता को क्या? रोजमर्रा के जीवन में ऐसा कौन सा काम कंप्यूटर कर सकती थी, जो भारत के हर गाँव, हर कस्बे, हर शहर के लोगों के लिए उपयोगी होती? ऐसी कौन सी चीज थी जो भारत के कोने-कोने को जोड़ती थी?

उन दिनों कंप्यूटर मेंटेनेंस कंपनी (CMC) के अध्यक्ष एन सी गुप्ता अपनी बहन के लिए ट्रेन का टिकट कटाने की लाइन में खड़े थे। बंबई से सिकंदराबाद की एक अदना टिकट बुक के लिए उन्हें तीन घंटे खड़ा रहना पड़ा।

वह अगले ही हफ्ते केंद्रीय रेलवे उप-मंत्री वाई. मल्लिकार्जुन से मिलने गए और कहा, "सर! हमें जल्द से जल्द रेलवे को कंप्यूटर से जोड़ना होगा"

[1] दुनिया का पहला इंट्रानेट संदेश 1969 में कैलिफ़ोर्निया विश्वविद्यालय से स्टैनफ़ोर्ड विश्वविद्यालय भेजा गया। दरअसल यह संदेश जाना था Login लेकिन LO लिखते ही कंप्यूटर क्रैश कर गया। यही दो अक्षर जा सके।

๏๏

"कंप्यूटर की दुनिया में यह जानना आवश्यक होता है कि आपका ग्राहक कौन है, आप किसके लिए सॉफ़्टवेयर बना रहे हैं। हमें यह निष्कर्ष निकालने में तीन दिन लगे कि हम रेलवे रिज़र्वेशन सिस्टम भारतीय रेल के लिए नहीं बना रहे, बल्कि भारत के यात्रियों के लिए बना रहे हैं। हमारे ग्राहक आम लोग होंगे, और सॉफ़्टवेयर भी उसी को ध्यान में रख कर बनाया जाए"

- अरविंद शर्मा, भारत के पहले रिज़र्वेशन प्रोजेक्ट के मैनेजर

मैं नब्बे के दशक में फारबिसगंज से ट्रेन की रिज़र्वेशन कराने गया। उस वक्त वहाँ कंप्यूटर रिज़र्वेशन उपलब्ध नहीं था, तो स्टेशन जाकर पर्ची कटानी पड़ती। जो इस स्थान से अपरिचित हैं, यह लेखक फणीश्वर नाथ रेणु का इलाका है, और राजकपूर की फ़िल्म 'तीसरी कसम' में इसकी छवि दिख सकती है।

उस स्टेशन से गुजरने वाली अमुक ट्रेन का सीट कोटा निर्धारित होता- जैसे छह सीटें। आप अगर रिज़र्वेशन चाहते हैं, तो वहाँ रजिस्टर में आपका नाम दर्ज कर एक पर्ची पकड़ा दी जाती। ट्रेन छूटने से कुछ समय पूर्व एक हाथ से लिखी सूची लग जाती, जिसमें सीट संख्या दर्ज होती।

कंप्यूटर आने से पूर्व भारत के सभी स्टेशनों में कमो-बेश यही प्रक्रिया थी। अगर आपका रिज़र्वेशन नहीं हुआ, तो यह मनाइए कि पिछले स्टेशन का कोटा पूरा न हुआ हो, और आपको सीट मिल जाए। लेकिन यह पता तभी लग पाता जब ट्रेन आ जाती।

इन सभी स्टेशनों के रिज़र्वेशन को कंप्यूटर से जोड़ पाना दूहर कार्य था। आज के कंप्यूटर युग में भी रेलवे इसकी समस्याओं से जूझ ही रहा है, क्योंकि भारतीय रेल कोई मामूली तंत्र नहीं बल्कि दुनिया का सबसे उलझा हुआ रेल-तंत्र है।

1984 में प्रतिदिन दो हज़ार ट्रेनों में पैंतालीस लाख लोग सफर करते थे। चार महानगरों में ही प्रतिदिन पचास हज़ार से अधिक रेलवे आरक्षण की पर्चियाँ आती थी। इन बड़े स्टेशनों पर अलग-अलग ट्रेनों के लिए अलग काउंटर बने होते, और हर काउंटर पर लंबी लाइन होती। वहाँ रजिस्टर पर कलम से नाम चढ़ाए जाते, और

कई स्थानों पर कलम से ही आरक्षण चार्ट बनाया जाता।

इतना ही नहीं, किराए के दस अलग वर्ग, चालीस तरह के कोटा, और 120 तरह की किराए में छूट थी। कंप्यूटर जो अभी घुटनों पर ही चल रहा था, उसके लिए ऐसी प्रणाली बनाना लगभग नामुमकिन था, जिससे भारत के सभी ट्रेन, स्टेशन और यात्री जुड़ जाएँ। इंजीनियरों ने इंग्लैंड, अमरीका, जर्मनी, फ्रांस और कनाडा के रेलवे रिज़र्वेशन सिस्टम का अध्ययन किया, कोई भी मॉडल भारत के लिए उचित नहीं था। यानी ऐसा कोई बना-बनाया सॉफ़्टवेयर नहीं था जिसे खरीद कर काम बन जाए।

दूसरी तरफ़, रेलवे कर्मचारी इसका विरोध करने लगे क्योंकि उन्हें लगा कि अगर कंप्यूटर आ गया तो उनमें से कई काउंटर क्लर्क की नौकरी चली जाएगी। राजीव गांधी की मंडली 'कंप्यूटर बॉय्ज़' की निंदा होने लगी कि ये लोग ख़ामख़ा देश पर एक ऐसा खर्च डाल रहे हैं, जिसकी कोई ज़रूरत नहीं। जब भारत में इतने बेरोज़गार हैं, तो ऐसी चीज क्यों लानी जो लोगों की नौकरी छीन ले?

इन सबसे इतर नेपथ्य में काम चल रहा था। आइआइटी कानपुर और मद्रास के कंप्यूटर विभाग में कोड लिखे जा रहे थे। 1984-1985 के छह हफ्तों में कुल 1400 कंप्यूटर प्रोग्राम लिखे गए जो इस रेलवे आरक्षण समस्या का हल निकाल सकते थे। उसके बाद एक साल तक इसकी टेस्टिंग की गयी, जिसमें कई कमियाँ निकली, जिसे हल किया गया।

इस प्रोजेक्ट के एक मुखिया एन सी गुप्ता ने रेलवे कर्मियों के मंडल को आमंत्रित किया। वह स्वयं उस दिन को याद करते हुए एक रेलवे क्लर्क का कथन कहते हैं,

"लोग हमें भ्रष्ट कहने लगे हैं क्योंकि उनको लंबी क़तार में प्रतीक्षा करना पड़ता है। अगर वे यह प्रणाली देखेंगे तो समझेंगे कि हम कितना कठिन कार्य हाथ से करते रहे हैं। आठ घंटे काउंटर पर बिताने के बाद हमें दो-तीन घंटे तो हिसाब मिलाने में लग जाते हैं। यह कंप्यूटर आएगा, तो शायद हम समय पर घर लौट पाएँ, और हमारे ऊपर पैसे खाने का आरोप बंद हो"

1985-86 में सबसे पहले दिल्ली से शुरुआत हुई, और अगले वर्ष शेष तीन महानगरों और तीन वर्ष बाद सिकंदराबाद में कंप्यूटर से रेलवे आरक्षण शुरु किए गए। यह पहला मौका था जब कंप्यूटर से न सिर्फ टिकट कट रहे थे, बल्कि धन का हिसाब और उसका हस्तांतरण भी हो रहा था।

जहाँ एक तरफ़ कंप्यूटर अब भारत के करोड़ों लोगों की मदद करने आ रहा था, वहीं लोग चिंतित थे कि इससे वाकई नौकरियाँ चली जाएगी। जब रेल मंत्रालय

तीस प्रतिशत तक भर्ती घटाने की बात कहने लगी, तो बैंककर्मी चिंतित हुए कि अगला नंबर उनका है। मगर कंप्यूटर अब कहाँ रुकने वाला था!

नब्बे का दशक तो भारतीय कंप्यूटर का स्वर्ण युग होने वाला था।

6

स्वर्ण युग

जून, 1981. पुणे

पटनी कंप्यूटर सिस्टम के कैंटीन में सात युवा इंजीनियर कुछ नया शुरू करने की फ़िराक़ में थे।

"अब समय आ गया है दोस्तों कि हम साथ मिल कर कुछ अपने मन का काम करें", मूर्ति ने कहा

"तुम्हें यह सही वक़्त लगता है? अभी भारत ऐसे प्रोजेक्ट के लिए तैयार नहीं। आखिर अमरीकी क्लाएंट के लिए तो हम काम कर ही रहे हैं, कितना हासिल हुआ?", शिबुलाल ने टोका

"शिबु सही कह रहा है। हमें दो-तीन साल रुक जाना चाहिए।", नंदन ने शिबु के हाथ पर हाथ रख कर कहा

"अगर शुरू करने का इरादा हो तो हर वक़्त सही ही होता है। कल किसने देखा है?", क्रिश ने अपनी गिलास उठा कर कहा

"तुम कुछ नहीं कहोगे दिनेश? तुम तो हर कदम सोच-समझ कर उठाते हो?", मूर्ति ने खिड़की के पास खड़े आसमान की ओर निहारते युवक से पूछा

"मेरे पास न कहने के लिए कुछ है, न देने के लिए एक कौड़ी। हम कमाते ही कितना है कि कुछ नया कर सकें? तुम्हारी तो पत्नियाँ ठीक-ठाक कमा रही हैं। सभी जॉब नहीं छोड़ सकते", दिनेश ने लंबी साँस लेकर कहा

"ऐसी बात नहीं है दिनेश! अभी हम युवा हैं, रिस्क ले सकते हैं। मॉडल तो सुनो। तुम क्या कह रहे थे, मूर्ति?", अशोक ने दिनेश को कुर्सी पर बिठाते हुए कहा

"मॉडल है - वैश्वीकरण। मैंने पेरिस में देखा है कि किस तरह दुनिया मिल कर काम कर सकती है। खुली बाज़ार कैसी होती है?", मूर्ति ने अपना चश्मा साफ़ करते

हुए कहा

"यह पेरिस नहीं है, भारत है। यहाँ खुला बाज़ार नहीं है, मेरे भाई। एक कंप्यूटर आयात करने में कितने पापड़ बेलने पड़ते हैं। टीसीएस, विप्रो, एचसीएल और अपनी पटनी का ही हाल देख लो", शिबु ने मुस्कुरा कर कहा

"मैं भारत का बाज़ार सोच भी नहीं रहा।", मूर्ति ने बात बीच में काट कर कहा

"हम्म! ग्लोबल डिलिवरी। अच्छा आइडिया है", क्रिश ने मूँछों पर हाथ फेरते कहा

"मतलब अमरीका या यूरोप के लिए सॉफ़्टवेयर भारत में बनाना? यह तो हम यहाँ कर ही रहे हैं। इसके लिए बहुत कॉन्टैक्ट और पैसे चाहिए भाई", नंदन ने कहा

"पैसा ऐसी जगह से आए जहाँ यह सबसे ज़्यादा हो, प्रतिभा वहाँ से उठायी जाए जहाँ यह सबसे अच्छी हो, निर्माण वहाँ किया जाए जहाँ श्रम सस्ता हो, और बेचा पूरी दुनिया में जाए। यही मॉडल है न मूर्ति? तुम तो सोशलिस्ट हुआ करते थे, कैपिटलिस्ट कब से बन गए?", क्रिश ने मूर्ति के पीठ पर थाप देते हुए कहा

"जिस दिन बुल्गारिया में कम्युनिस्टों ने इसे ट्रेन से फेंक दिया। ऐसा इनके जैसे महापुरुषों के साथ ही तो होता है।", अशोक के यह कहते ही सभी ठहाके लगाने लग गए

नारायण मूर्ति, शिबुलाल, क्रिश गोपालकृष्णन, नंदन निलेकानी, अशोक अरोड़ा, के दिनेश, और राघवन। अस्सी के दशक में इनकी कंपनी इंफ़ोसिस लगभग पंद्रह हज़ार रुपए निवेश के साथ पुणे के एक फ्लैट में शुरू हुई। इन्हें कुछ छोटे-बड़े काम मिलने शुरू हुए, जिसमें अमरीका की जी ई कंपनी का एक सॉफ़्टवेयर प्रोजेक्ट भी शामिल था। लेकिन, 1989 तक इनकी कमाई सिर्फ़ इतनी थी कि आइआइटी मद्रास के चंद इंजीनियरों को आरंभिक वेतन दे सकें।

उन्हीं दिनों आइआइएम अहमदाबाद के छात्रावास में तीन गुजराती लड़कों ने भी एक कंपनी बना ली, और नाम रखा- मास्टेक। इसके संस्थापक अशांक देसाई एक क़िस्सा कहते हैं,

"हम कोई भी काम उठा लेते थे, चाहे वह चीज आती हो या न आती हो। हमें सिंगापुर से पहला प्रोजेक्ट मिला कि एक आरपीजी प्रोग्रामिंग करनी है। हमने कहा कि कर देंगे। हमें मालूम भी नहीं था कि आरपीजी होती क्या है। पता लगा कि यह तो आइबीएम मशीन पर बहुत ही कठिन प्रोग्रामिंग है। हमारे पास इस लायक कंप्यूटर भी नहीं था। हमने बंबई की एक कंपनी में घंटे के हिसाब से कंप्यूटर भाड़े पर लिया, और पंद्रह दिन मेहनत कर सीख ली। जब हम सिंगापुर पहुँचे, तो वे हैरान रह गए कि हम कितनी आसानी से यह प्रोग्रामिंग कर लेते है। (हँस कर) ऐसे

भारतीय ही हो सकते हैं, जो काम पहले उठा लें, सीखें बाद में और ग्राहक को हवा न लगने दें"

युवाओं द्वारा गढ़ी गयी ये कंपनियाँ कंप्यूटर उद्योग में कुछ नए शब्द भी गढ़ रही थीं। जैसे- स्टार्टअप, बॉडी शॉपिंग, आउटसोर्सिंग।

पैसा वहाँ से आए जहाँ सबसे ज्यादा हो- यानी अमरीका

प्रतिभा वहाँ से आए जहाँ यह अच्छी हो- यानी भारत

निर्माण वहाँ हो जहाँ यह सस्ती हो- यानी चीन

बाज़ार ऐसी हो जिसकी कोई सीमा न हो- यानी यह दुनिया

भारतीय रिज़र्व बैंक के एक भूतपूर्व गवर्नर जब प्रधानमंत्री कार्यालय की ओर बढ़ रहे थे, तो वह भी कुछ ऐसा ही सोच रहे थे- बाज़ार तो अब खोलना ही पड़ेगा, वरना...

⌁

"क्या आप चाहते हैं कि मैं ऐसे प्रधानमंत्री की तरह जाना जाऊँ, जिसने देश का सोना बेच दिया?"

"ऐसा नहीं किया तो आप ऐसे प्रधानमंत्री की तरह जाने जाएँगे जिसने देश को कंगाली की गर्त में ढकेल दिया। आपके एक तरफ़ कुआँ है तो दूसरी तरफ़ खाई"

"ठीक है। आप राष्ट्रपति जी की इजाज़त ले लीजिए"

"यह उचित नहीं होगा। हम उनसे सलाह ले सकते हैं लेकिन ज़िम्मेदारी उन पर तो नहीं थोप सकते"

- प्रधानमंत्री चंद्रशेखर और कैबिनेट सचिव नरेश चंद्रा के मध्य बातचीत, मार्च 1991

कंप्यूटर के स्वर्ण युग को समझने के लिए हमें उस युग को समझना होगा जब देश के बैंकों का स्वर्ण विदेश में गिरवी रखना पड़ा। आरोप-प्रत्यारोप चलते रहेंगे कि इसमें चंद्रशेखर सरकार की ग़लती थी, या उनसे पूर्व के विश्वनाथ प्रताप सिंह, राजीव गांधी या इंदिरा गांधी सरकारों की। लेकिन नब्बे के दशक की शुरुआत हमने अखबारों में ऐसी खबरों से ही की-

'रिज़र्व बैंक पुनः इक्कीस हजार किलो सोना गुप्त स्थान पर ले जा रही है!'

इस खबर ने देश को हिला कर रख दिया था। सोना या जेवर गिरवी रखना आम जनता में ऐसी भावना रखती है जब कोई ठीक-ठीक अमीर व्यक्ति कंगाली के गर्त में जा रहा हो। क्या भारत के साथ भी वही स्थिति थी?

विकासशील या अविकसित देशों पर क़र्ज़ कोई अजूबी बात नहीं। भारत पर भी थे। आज के भी आँकड़े देखे जाएँ तो छह सौ बिलियन डॉलर से अधिक का विदेशी कर्ज है, जो पिछले वर्ष की अपेक्षा में बढ़ा है। लेकिन, भारत कुछ आयात कर सके, इसके लिए देश के ख़ज़ाने में एक सुनिश्चित विदेशी मुद्रा भी होती है।

जैसे भारत के आम मध्य-वर्ग के व्यक्ति को ही लें, तो उन पर घर के, गाड़ी के, क्रेडिट कार्ड आदि के कर्ज होंगे। लेकिन इसके बावजूद वह ठीक-ठाक जीवन जी रहे होंगे, क्योंकि उनमें नियमित कर्ज चुकाने की क्षमता होगी और दुकानदारों को मासिक भुगतान करने लायक बैंक में पूँजी होगी। समस्या तब आती है जब यह संतुलन बिगड़ जाता है, और हम एक तरफ़ कर्ज नहीं चुका पाते, और दूसरी तरफ़ अखबार वाले या दूध वाले का बकाया रखते हैं। हम बाज़ार में विश्वास खो देते हैं और हमें कोई कर्ज नहीं देता। 1990 में भारत की ऐसी ही स्थिति हो गयी थी।

विश्वनाथ प्रताप सिंह ने प्रधानमंत्री बनते ही देश के सामने पहले भाषण में रुंधे गले से कहा, "हमारे ख़जाने खाली हो चुके हैं और हमारे दिल जल रहे हैं"

न सिर्फ़ भारत, बल्कि दुनिया में कई चीजें एक साथ घटने लगी थी। सोवियत का विघटन भारत के लिए एक दुखद ख़बर थी। सोवियत भारत से विदेशी मुद्रा के बजाय रुपए में मुद्रा लेता रहा था। वहीं अमरीका ने जब खाड़ी युद्ध का ताना-बाना शुरू किया, तो एक तरफ़ वहाँ के प्रवासी भारतीयों से आने वाली विदेशी मुद्रा घटने लगी, दूसरी तरफ़ तेल के दाम बढ़ने लगे। भारत में टिक कर चलने वाली मज़बूत सरकार भी नहीं बन पा रही थी।

रिज़र्व बैंक भी आखिर क्या करती?

1991 में जब यह कठिन फ़ैसला लिया गया, भारत के ख़ज़ाने में मात्र छह बिलियन डॉलर विदेशी मुद्रा थी, जिससे एक हफ्ते के आयात का भुगतान ही किया जा सकता था। अगर भारत भुगतान समय पर नहीं कर पाती तो इसकी साख खत्म हो जाती। वहीं रिज़र्व बैंक और भारत सरकार के पास सैकड़ों टन सोना था, जिसे गिरवी रख कर विदेशी मुद्रा लायी जा सकती थी। उस समय 67 टन सोना स्विट्ज़रलैंड और इंग्लैंड के बैंकों में जमा कर 2.8 बिलियन डॉलर लाए गए।

नए प्रधानमंत्री पी वी नरसिंह राव के लिए अब सबसे बड़ी समस्या यह थी कि किस तरह यह कर्ज चुका कर रिज़र्व बैंक का गिरवी पड़ा सोना छुड़ाया जाए। छुड़ाया तो तभी जा सकेगा जब देश इतना धन अर्जित करेगा। लेकिन कैसे?

भारत के इलेक्ट्रॉनिक विभाग के एन विट्टल को वित्त सचिव विमल जालान ने कहा कि हम कंप्यूटर और इलेक्ट्रॉनिक उद्योगों के लिए सभी रुकावटों का हल करने को तैयार हैं, लेकिन क्या बदले में उद्योग अपना विदेशी निर्यात चार गुना

कर पाएगी? उन्होंने हामी भरते हुए एक साल की मोहलत माँगी।

वह हँस कर कहते हैं, "अकबर ने एक बार बीरबल को कहा कि उनका घोड़ा उड़ा कर दिखाएँ, अन्यथा मौत की सजा सुनाई जाएगी। बीरबल ने एक वर्ष की मोहलत माँगी। इस एक वर्ष में तीन चीजें मुमकिन थी- पहली कि किसी कारण राजा अकबर चल बसें, दूसरी कि बीरबल मर जाएँ, और तीसरा कि घोड़ा उड़ जाए.....भाग्य से हमारे आइटी उद्योग का घोड़ा उड़ने में सफल रहा"

❧

यह बजट ऐतिहासिक था। भारत की अर्थव्यवस्था एक ऐसा रास्ता चुन रही थी जिससे वापस लौटना लगभग नामुमकिन था। समाजवाद की खिड़कियों से झाँकते भारत को पूँजीवाद के खुले आसमान में लाने की क़वायद थी। एक तरफ़ यह निर्यात के दरवाज़े खोल रही थी, दूसरी तरफ़ विदेशी निवेशकों को उसी दरवाज़े से आमंत्रित भी कर रही थी। कुछ इसे सोवियत के विघटन से उपजे मोहभंग से जोड़ रहे थे, और कुछ इसे गहरी खाई में गिरती अर्थव्यवस्था को बचाने के आखिरी विकल्प से।

जब वित्त मंत्री मनमोहन सिंह पहली बार इस बजट का प्रारूप लेकर प्रधानमंत्री पी वी नरसिंह राव के पास पहुँचे, वह गंभीरता से इसे पढ़ते रहे। वह जैसे-जैसे पन्ने पलट रहे थे, उनके चेहरे की भंगिमा हताशा की ओर बढ़ रही थी। आखिर उन्होंने मनमोहन सिंह से कहा,

"क्या मैंने आपको इसी के लिए चुना था?"

मनमोहन सिंह हतप्रभ रह गए कि ऐसी क्या ग़लती हो गयी। दरअसल नरसिंह राव चाहते थे कि मनमोहन सिंह अधिक दिलेरी दिखाएँ। निष्ठुर होकर बजट बनाएँ। भले इसके लिए उन्हें तमाम आलोचनाएँ झेलनी पड़ी, मगर वह कहें जो उन्हीं के दल के लोग खुल कर कहने से कतराते रहे। मनमोहन सिंह को बजट बदलना पड़ा।

24 जुलाई 1991 को जब एक मितभाषी संकोची दिख रहे व्यक्ति अब तक का सबसे लंबा अठारह हज़ार से अधिक शब्दों का बजट पेश करने खड़े हुए, उन पर देश की नज़र थी। ख़ास कर कंप्यूटर उद्योग के दूसरी खेप के लोग तो जैसे इसी की राह देख रहे थे। वह अटकलों के बावजूद शंकित थे कि क्या सचमुच बाज़ार खुलने वाला है? अगर हाँ, तो आखिर कितना खुलेगा? क्या-क्या खुलेगा?

मनमोहन सिंह ने उस दिन अपना भाषण अपेक्षाकृत ऊँचे स्वर में शुरू किया, जिसके कुछ अंश यहाँ सरल अनुवाद कर रहा हूँ,

"मैं आज 1991-92 का बजट आपके समक्ष प्रस्तुत कर रहा हूँ...

अभी महीने पूर्व हमारी सरकार बनी, जब देश एक गंभीर आर्थिक संकट से गुजर रहा था। हमारी विदेशी मुद्रा पूरी तरह सूख चुकी है। ऐसी परिस्थिति इतिहास में पहले कभी नहीं हुई। अब हमारे पास बिल्कुल वक्त नहीं है।

समय आ गया है कि हम भारतीय उद्योगों को विदेशी उद्योगों के साथ प्रतियोगिता में लाएँ। हम इस बजट में आयात-निर्यात पद्धति में बदलाव कर रहे हैं। आयात लाइसेंस की कठिनाई को घटाते हुए निर्यात को बढ़ावा दे रहे हैं।

हम विदेशी प्रत्यक्ष निवेश (FDI) के दरवाज़े खोल रहे हैं। कुछ विशेष उद्योगों में 51 प्रतिशत तक विदेशी निवेश लाने जा रहे हैं। यह उन उद्योगों पर ख़ास कर लागू होगा जिनका मूल उद्देश्य निर्यात है।

आज पब्लिक सेक्टर में कई कमियाँ और कमजोर आय देखी जा रही है। हम पब्लिक सेक्टर संस्थानों का बीस प्रतिशत तक म्युचुअल फंड और अन्य निवेशों में लगाने का प्रस्ताव रखते हैं।

हमारे सरकारी बैंकों की कमजोरियाँ भी उभर कर आने लगी है। हम निजी बैंकों को अधिक स्वतंत्रता देना चाहते हैं ताकि ब्याज दरों में सुधार हो, और अर्थव्यवस्था पर सरकारी शिकंजा घटे।

हम प्रवासी भारतीयों के निवेश की रुकावट बनी FERA कानून में बदलाव करने जा रहे हैं, जिससे वे सुविधा से भारत में जमीन या मकान खरीद सकें, और विदेशी मुद्रा में वृद्धि कर सकें।

हाल के घटनाक्रम में सोवियत संघ के समाजवाद की कमजोरी उभर कर आयी है। हमें यह स्वीकार करना होगा कि बिना पूँजी अर्जित किए गरीबी का निदान असंभव है। पूँजी अर्जित करने के लिए हमें उन्हें शह देनी होगी जो पूँजी जमा करना जानते हैं। इसलिए, हमें उनकी रुकावटों को कम करना होगा...

अध्यक्ष महोदय! विक्टर ह्यूगो का कथन है कि उस विचार को दुनिया की कोई ताक़त रोक नहीं सकती, जिसका समय आ चुका है। भारत का एक महान आर्थिक शक्ति के रूप में उदय ऐसा ही विचार है।

दुनिया यह स्पष्टता और बुलंदी से सुन ले। भारत पूरी तरह जाग चुका है। हम जियेंगे। हम लक्ष्य पाएँगे।

इन्हीं शब्दों के साथ मैं अपने बजट वक्तव्य का अंत करना चाहता हूँ।"

कंप्यूटर उद्योग के लिए क्या यह बजट दोनों हाथों में लड्डू के बराबर था? मैं जनता कंप्यूटर बनाने वाले प्रभाकर देवधर का एक लेख पढ़ रहा था। वह लिखते हैं,

"भारत के सॉफ़्टवेयर उद्योग के लिए यह एक सौगात लाया, लेकिन जब दरवाज़े खुले तो वह हमारे हार्डवेयर और इलेक्ट्रॉनिक उद्योग को पूरी तरह तबाह कर गया। अगर आप मुझसे पूछेंगे तो यह बजट हम जैसे लोगों के लिए मृत्यु-पत्र था।"

❧

"रोटी, कपड़ा, मकान और बैंडविड्थ"
- मयंक भार्गव (नैसकोम अध्यक्ष) का नारा

मनमोहन सिंह के बजट ने तो जैसे बाँध ही खोल दिया। विदेशी कंपनियाँ वर्षों से इस ताक में थी कि कब भारत का दरवाज़ा खुले और हम मधुमक्खियों की तरह फैल जाए। आइबीएम जो बमुश्किल एक दशक पहले भारत छोड़ गयी थी, वह अब गाजे-बाजे के साथ लौट रही थी। बिजनेस वीक ने लिखा-

"इसमें कोई शक नहीं कि भारत में दुनिया के तीसरे सबसे अधिक इंजीनियर और कंप्यूटर कर्मी हैं। इसमें भी कोई शक नहीं कि वे अमरीकी इंजीनियरों के तिहाई से भी कम वेतन पर काम कर देंगे। आर्थिक उदारीकरण के बाद अमरीकी सॉफ़्टवेयर कंपनियों का एक ठिकाना भारत में तय है।"

1992 में विश्व बैंक ने एक रिपोर्ट बनायी, जिसमें भारत की आठ अन्य देशों से तुलना की गयी कि सबसे बड़ा सॉफ़्टवेयर केंद्र कौन होगा। उन्होंने भारत को आयरलैंड के बाद दूसरे स्थान पर रखा, और भविष्यवाणी की - भारत का यह उद्योग मात्र पाँच वर्ष में बिलियन डॉलर लीग में आ जाएगा।

भारत की कंपनियों के लिए यह बड़ी चुनौती थी कि जब बाज़ार में इतने बड़े-बड़े खिलाड़ी आएँगे, तो आखिर उनका क्या होगा? भारतीय हार्डवेयर उद्योग के नेस्तनाबूद होने की वजह यह थी कि अब विदेश से सामान सस्ता आयात किया जा सकता था, तो कोई देशी बाज़ार से क्यों ले?

सॉफ़्टवेयर कंपनियों अगर इस बाढ़ में बहने से बच गए, इसका कारण था कि एक तो उनका अमरीकी नेटवर्क अच्छा था, और दूसरा यह कि वे बढ़ते बाज़ार में प्रतियोगी हिस्सेदार बन सके। जैसे इंफ़ोसिस या टीसीएस उन विदेशी कंपनियों से सस्ते मूल्य पर अच्छा काम कर रही थी, तो उनके उपयोग में बढ़ोतरी ही हुई। कुछ ने विदेशी कंपनियों से हाथ भी मिला लिया- जैसे टाटा ने आइबीएम से, विप्रो ने

एसर से, एचसीएल ने हिवलेट पैकार्ड (एच पी) से।

भारत के साथ एक और चीज थी, जिसका ज़िक्र बिजनेस वीक ने नहीं किया। विदेशी कंपनियाँ जब भारत आयी, तो उनके लिए भारत कोई अनजाना देश नहीं था। आइआइटी से पास हुए जो इंजीनियर दशकों पहले अमरीका गए थे, वह अब इन कंपनियों का प्रतिनिधित्व कर रहे थे। सिलिकन वैली में बाक़ायदा इन्होंने एक संगठन बनाया था। विनोद खोसला ने सन माइक्रोसिस्टम बनाया था, तो विनोद धाम इंटेल के पेंटियम डिजाइनर थे। अरुण नेत्रावली, राज रेड्डी, करन रेखी, उमंग गुप्ता, सुहास पाटिल। ऐसे तमाम नाम हैं जो अमरीका की बड़ी कंपनियों की पहुँच भारत में आसानी से बना गए। यूँ कहें कि यह भारतीय सिस्टम को समझते थे, और भारतीय इंजीनियरों को भी। इनके कारण आइबीएम, ऑरैकल, सन, माइक्रोसॉफ़्ट, सिस्को, सैप जैसी कंपनियाँ धड़ल्ले से आ गयी।

समस्या अब यह थी कि इतनी कंपनियाँ आखिर रहेंगी कहाँ? कहीं एक ऑफिस बना भी लें तो इंटरनेट कहाँ था? टेलीफोन लाइन से जुड़े इक्का-दुक्का नेटवर्क भला अमरीका से कैसे संपर्क बनाएँगे? अब अमरीका भारत के लिए इंटरनेट का तंत्र बना कर दे, इतनी भी अर्थव्यवस्था नहीं खुली थी। राजीव गांधी के कार्यकाल में स्थापित 'विदेश संचार निगम लिमिटेड' की इंटरनेट गति इतनी धीमी और मूल्य इतना महंगा था कि इससे तो भारतीय कंपनियाँ भी कन्नी काटती थी। यूँ भी इनका सैटेलाइट तंत्र इतना विकसित नहीं था कि वे बेहतर बैंडविड्थ दे सकें। इसलिए वह अभी आम जनता के लिए उपलब्ध भी नहीं हुई थी।

आश्चर्यजनक रूप से केंद्र सरकार से पहले राज्य सरकारों ने इस मौके को लपक लिया। उन्होंने अपने-अपने राज्य में लुभावने सॉफ़्टवेयर पार्क बनाने की पेशकश कर दी। बेंगलूरू, पुणे, त्रिवेंद्रम, हैदराबाद, गांधीनगर, नोयडा और भुवनेश्वर- इन सात स्थानों पर कंपनियों के लिए धीरे-धीरे दरवाजे खोल दिए गए। इन राज्य सरकारों ने इन्हें आयात लाइसेंस से उन्हें छूट दे दी और जमीन आदि मुहैया करा दी। हालाँकि इन सभी अलग-अलग पार्कों के नियंत्रण के लिए एक STPI संस्था गठित हुई, लेकिन यह काफ़ी हद तक सरकारी नियंत्रण से मुक्त थी।

पार्क मिल गया तो इंटरनेट का रास्ता भी निकलने लगा।

एक नयी-नवेली कंपनी सत्यम कंप्यूटर ने एक अमरीकी प्रोजेक्ट के सिलसिले में मद्रास से शिकागो के बीच उन्हीं के खर्च पर तेज इंटरनेट लगवा ली। वहीं बेंगलुरु में टेक्सास इंस्ट्रुमेंट भी अपेक्षाकृत सस्ता इंटरनेट दे रही थी। 1993 में बेंगलुरु एक स्वतंत्र इंटरनेट लाइन से अमरीका से जुड़ गया। वहीं फ्रांस की कंपनी सीजीआर भारत के विदेश संचार निगम से चौथाई मूल्य पर कंपनियों को इंटरनेट सेवा देने

लगी। हालत यह हो गयी कि भारतीय सरकारी कंपनी को घाटे के सौदे पर अपना मूल्य घटाना पड़ा, फिर भी खरीदार नहीं मिल रहे थे।

ख़ैर, उनको भी मालूम था कि अगर कंपनियाँ नहीं खरीद रही, तो दुनिया की सबसे बड़ी जनसंख्या में ग्राहकों की क्या कमी है। इंटरनेट अब सीधे जनता को बेचा जाए।

पंद्रह अगस्त 1995 को स्वतंत्रता दिवस के अवसर पर इंटरनेट भी स्वतंत्र हो गया।

7

भारत में इंटरनेट

"यह कैसी अश्लीलता ले आए हैं आप देश में? लोग कैसी-कैसी चीजें देख रहे हैं आपके इस इंटरनेट पर?"

- सूचना प्रसारण मंत्री सुखराम वीएसएनएल अध्यक्ष बृजेंद्र सिंगल से

मेरा इंटरनेट से परिचय कुछ जल्दी हो गया क्योंकि जिन शहरों में सबसे पहले इंटरनेट सेवा आयी, उनमें एक में मैं मौजूद था। चार महानगरों के अतिरिक्त पुणे और बेंगलुरु में इंटरनेट सेवा दी गयी थी। लेकिन आज लौट कर देखता हूँ तो लगता है- वह भी कोई इंटरनेट था महाराज!

आम जनता के लिए जो इंटरनेट था, वह टेलीफोन लाइन के माध्यम से था। बाक़ायदा टेलीफोन में ही केबल लगाना पड़ता था। आरंभिक दौर में तो यह स्थिति थी कि अगर आप इंटरनेट पर हैं, तो फोन बंद। फोन पर हैं तो इंटरनेट बंद। अगर कोई फोन आने लगे, तो चलता हुआ इंटरनेट 'बीप-बीप' करते हुए बंद। जैसे-तैसे आप जुड़ भी गए, तो वह इतना धीमा था कि पंद्रह मिनट तक स्क्रीन निहारते हुए बीत जाते। एक पन्ना बमुश्किल से खुल पाता, वह भी बिना किसी चित्र और विडियो के। खुलते ही फिर से बीप आवाज़ आती, और दुबारा डायल करना पड़ता।[1]

बाद में भारत की टेलीफोन कंपनी बीएसएनएल को लोगों ने नामकरण किया- BSNL यानी भाई साहब नहीं लगेगा। वीएसएनएल तो ख़ैर इससे दो दर्जे बुरी हालत में था।

जो लोग इन इंटरनेट नगरों में नहीं थे, उनकी स्थिति तो और भी बदतर थी। उन्हें इन महानगरों से एसटीडी कॉल के माध्यम से जुड़ना पड़ता। उन दिनों उसके

प्रति मिनट पैंतीस रुपए लगते थे। आधे घंटे अगर आप इंटरनेट पर हैं, तो लगभग हज़ार रुपए स्वाहा! ऊपर से वीएसएनएल का शुल्क महीने का डेढ़ हज़ार अलग। उन दिनों एक ठीक-ठाक कमाने वाला भी इंटरनेट का सुख नहीं ले सकता था।

आखिर वीएसएनएल ने भारत के तमाम पत्रकारों के साथ वार्ता की। उसमें खुल कर स्वीकार किया गया, "हमें अंदाज़ा नहीं था कि भारत में इंटरनेट की इतनी अधिक माँग होगी। हम हार गए। हम वर्तमान स्थिति में जनता तक इंटरनेट पहुँचाने में असमर्थ हैं। टेलीफोन लाइन से अलग और तेज इंटरनेट सुविधा देने में अभी बहुत अधिक निवेश की ज़रूरत है, जिसमें कुछ साल तो लग ही जाएँगे"

अखबारों में खबर छपी- 'इंटरनेट जनता के साथ धोखा है'। दूसरी खबर छपी- 'वीएसएनएल हार गयी'। एक और खबर छपी कि इंटरनेट मात्र अश्लील चीजें देखने का साधन है।

हालाँकि यह आरोप उचित नहीं थे। नब्बे प्रतिशत लोग इंटरनेट का सदुपयोग भी कर रहे थे, और यह बड़ी बात थी कि दुनिया से संपर्क स्थापित हो रहा था। 1996 में जब भारतीय मूल के सबीर भाटिया ने हॉटमेल बनाया, तो उसमें आरंभिक खाता खुलवाने वालों में मैं भी था। अपनी धीमी गति के बावजूद इंटरनेट संपर्क और ज्ञान का एक असीमित स्रोत बनता दिख रहा था। जो लोग इससे किसी कारणवश नहीं जुड़ पा रहे थे, या इसे एक बेकार चीज कह रहे थे, वह भविष्य की सच्चाई से दूर थे।

इसमें कोई शक नहीं कि अगर पहली औद्योगिक क्रांति भाप इंजन, दूसरी विद्युत निर्माण कही गयी, तो तीसरी क्रांति इंटरनेट थी। आज रोटी, कपड़ा, मकान के बाद चौथी चीज इंटरनेट बन चुकी है। लोग पान की दुकान पर इंटरनेट से पैसे भेज रहे हैं। घर में मेहमान आकर पहली चीज वाई-फाई पासवर्ड मांग रहे हैं।

रही बात आरंभिक समस्याओं की, वह पहले कुछ वर्ष तो स्वाभाविक ही थी। कहा जाता है कि पहले व्यक्तियों में एक जिन्होंने इंटरनेट कनेक्शन लिया, वह अभिनेता शम्मी कपूर थे। वहीं जुलाई 1996 में प्रीतिश नंदी ने होटल लीला, मुंबई में एक कैफ़े खोला जिसमें आठ सौ रुपए प्रति घंटा पर इंटरनेट उपलब्ध था। इसका नाम उन्होंने रखा- साइबर कैफ़े। ज़ाहिर है यह उन अमीरों के लिए ही था, जो होटल लीला में घुसने का सामर्थ्य रखते थे, और हर घंटे इतनी रकम दे सकते थे। लेकिन यह नाम इतना लोकप्रिय हुआ कि कुछ ही वर्षों में हर शहर में साइबर-कैफे खुल गए। उनकी कीमत धीरे-धीरे घट कर सौ रुपए, पचास रुपए और तीस रुपए तक आ गयी।

उन दिनों मेरा खाता बैंक ऑफ़ बड़ौदा की पुणे शाखा में था। वहाँ नियमित जाकर पासबुक प्रविष्टि करा कर देखता कि कितने पैसे बचे हैं। 1998-99 में आइसीआइसीआइ बैंक से एक व्यक्ति आए और कहा कि अब आपको पासबुक की ज़रूरत नहीं होगी, आप हमारे बैंक में खाता खुलवा लीजिए। हम पहले बैंक हैं, जो ऑनलाइन हो गए हैं।

[1] वीएसएनएल के इंटरनेट का मूल्य उन दिनों के सबसे सस्ती और धीमी डायल-अप लाइन के लिए पंद्रह हज़ार रुपए वार्षिक था

☙

ताज रेसिडेंसी, बेंगलुरू, 1995

पाँच कमरों में गंभीर वार्ताएँ चल रही है। बाहर लॉबी में सूट-बूट में बैठे सीईओ और उनके सहयोगियों के चेहरे पर शिकन स्पष्ट नज़र आ रही है। एक अमरीकी व्यक्ति कमरे से निकल कर लंबी साँस लेते हैं और अपनी टाइ ढीली करते हुए, मिनरल वाटर की बोतल मुँह से लगा कर कहते हैं, "आज तो वातानुकूलित कमरे में भी गर्मी लग रही है"

उस दिन जनरल इलेक्ट्रिक (जी ई) कंपनी भारत के शीर्ष आइ टी कंपनियों से मोल-भाव कर रही थी कि कौन उन्हें सबसे सस्ता और उत्तम सॉफ़्टवेयर सहयोग दे सकता है।

"देखिए! आप चीन से व्यापार की तुलना नहीं कर सकते। यहाँ हमें उच्च शिक्षा प्राप्त इंजीनियरों और प्रबंधकों से काम कराना होता है, जबकि चीन में श्रमिक स्तर के कार्य है। हार्डवेयर की दुनिया और सॉफ़्टवेयर की दुनिया अलग है, आप बेहतर जानते हैं", इंफ़ोसिस के निदेशक नारायण मूर्ति ने कहा

"क्या आपके पास पर्याप्त संसाधन नहीं हैं? तकनीक महंगी है? समस्या क्या है? यूँ तो हमें टीसीएस से बेहतर डील मिल रही है, लेकिन आपसे हमारा पुराना रिश्ता है...", जी ई कंपनी के एक प्रबंधक ने कहा

"मुझे मालूम नहीं कि आपको क्या डील मिल रही है, मगर कोई भी कंपनी घाटे का सौदा नहीं कर सकती। आप भारत को एक सस्ते विकल्प देखने के बजाय अच्छी गुणवत्ता का विकल्प देखिए। हमें इलेक्ट्रॉनिक सिटी बनाने, इंटरनेट की लीज लेने, शीर्ष कोटि के विशेषज्ञ लाने में अच्छा ख़ासा निवेश लगता है। जैसे आपकी सिलिकन वैली है, हमारी भी है।", नारायण मूर्ति ने समझाते हुए कहा

"अगर हमें इतनी रकम देकर ही काम कराना होता, तो हम भारत का रुख क्यों करते? हमें आयरलैंड, सिंगापुर, फ़िलीपींस, मलेशिया, हर जगह से ऑफर मिलते

• 51 •

रहते हैं...”

“हम आपसे डील तोड़ना नहीं चाहते, लेकिन हमारे हाथ भी बंधे हैं। बिना किसी मार्जिन के आखिर हम कैसे काम कर सकते हैं?”

“आपकी कंपनी की चौथाई आय तो हमारे ही कंपनी से आ रही है”

“यह बात ठीक है, मगर पिछले वर्षों में प्रतिभाओं का शिकार भी बढ़ा है। अमरीकी कंपनियाँ भारत में ही हमसे बेहतर वेतन दे रही हैं। अच्छे इंजीनियर हमें छोड़ कर उनके पास जा रहे हैं”

“तो सस्ते इंजीनियर लाइए”

“आप कैसी बातें कर रहे हैं? इस तरह अच्छी गुणवत्ता के साथ समय पर डिलिवरी कैसे मुमकिन है? हमें तीस प्रतिशत ऑन-साइट इंजीनियर चाहिए, जो अमरीका में रहें। सत्तर प्रतिशत डेवलपर और अन्य लोग चाहिए, जो भारत से काम करें। यह मॉडल कोई सस्ता मॉडल नहीं है”

“ठीक है, फिर तो डील खत्म?”

“एक अच्छे नोट पर। हाँ!”

उदारीकरण के बाद भारतीय कंपनियों पर दबाव भी बढ़ने लगे। जब कुकुरमुत्तों की तरह कंपनियाँ खुलने लगी। न सिर्फ़ भारत बल्कि अन्य कई देशों में सॉफ़्टवेयर के केंद्र बनने लगे। स्थिति ऐसी होने लगी कि न इंजीनियर एक कंपनी में टिक कर रहते। न ही ग्राहक।

ऐसे हालत में आखिर इंफ़ोसिस जैसी कंपनी एक बना-बनाया रिश्ता कैसे तोड़ रही थी? उनके पास आखिर यह अकड़ आयी कहाँ से? क्या उन्हें निवेश का कोई और स्रोत मिल गया था?

दरअसल, भारतीय कंपनियों ने धीरे-धीरे यह निर्णय लिया कि अब निवेश के लिए बाज़ार चला जाए। यह एक साहसिक कदम था क्योंकि 1992 में भारतीय शेयर बाज़ार रसातल में था। हर्षद मेहता नामक व्यक्ति ने बाज़ार की चूलें हिला कर रख दी थी। निवेशक हताश थे। कोई एक कंपनी, एक शेयर दलाल नहीं था जिस पर भरोसा किया जा सकता था।

उसी वर्ष जब आइटी कंपनी मास्टेक, और अगले वर्ष इंफ़ोसिस ने अपने-अपने आइपीओ निकाले, तो कुछ लोगों को लगा कि शायद इन पर भरोसा किया जा सकता है। ये कंप्यूटर की दुनिया के लोग हैं, धोखा नहीं देंगे।

शेयर बाज़ार से जुड़े एक निवेशक कहते हैं, “जिसने उस वक्त दस हज़ार रुपए के इंफ़ोसिस के शेयर खरीदे, आज उसकी कीमत कितनी है, जानते हो? ....ढाई करोड़!”

प्रवीण कुमार झा

8

सुपरकंप्यूटर

"Y2K हमारे लिए भगवान का दिया वरदान था"

- रूसी बृज, भूतपूर्व उप-निदेशक, सत्यम कंप्यूटर्स

अफ़वाह घूम रही थी कि 31 दिसंबर 1999 के रात बारह बजे कंप्यूटर से बनी दुनिया खत्म हो जाएगी। न सिर्फ़ कंप्यूटर से अनजान लोग, बल्कि अमरीका के तकनीकी हलकों में खलबली मची थी। 1993 में अमरीका की पत्रिका 'कंप्यूटर वर्ल्ड' में खबर छपी जिसका शीर्षक था- डूम्जडे 2000 (प्रलय 2000)।

दरअसल समस्या छोटी सी थी, लेकिन इसका दायरा बहुत बड़ा था। साठ के दशक में जब कंप्यूटर बनाए गए, तो उस समय उनकी स्मृति (मेमरी) कम होती थी। उसमें जगह बचाने के लिए एक उपाय यह किया गया था कि तारीख़ों को छोटा कर दिया गया था। किसी भी वर्ष जैसे 2 फरवरी 1950 को 2.2.50 लिखा जाता।

1 जनवरी 2000 को दुनिया के कंप्यूटर क्या लिखते? अगर वह 1.1.00 लिखते हैं, तो वह 1900 ईसवी की पहली जनवरी मानी जाती। यह तो सब कुछ अलट-पलट कर देती।

मसलन बैंक में अगर यह इसी तरह दर्ज होता तो वह ब्याज जोड़ने के बजाय सौ साल पीछे तक का ब्याज काट लेती। अगर किसी फ़ैक्ट्री के तमाम यंत्र कंप्यूटर जनित समय के हिसाब से चलते, तो वे अचानक बंद हो जाते। रेलवे और हवाई जहाज की समय सारणी ग़लत हो जाती। इसे आखिर ठीक कैसे किया गया?

इन तमाम कोड के कई वाक्यों से गुजरते हुए हर उस स्थान पर सुधार करने थे जहाँ यह दर्ज हुई थी। जैसे अगर कोई हवाई उड़ान की कंपनी है, तो उनके हज़ारों वाक्यों के कोड में घुस कर यह प्रणाली बदलनी थी कि अब से तारीख चार अंकों में

ही लिखी जाएगी। यह दिमागी कसरत से अधिक परिश्रम का काम था। तुर्रा यह कि कई कोड को कोबोल नामक आरंभिक प्रोग्राम में लिखा गया था, जो अमरीका के पाठ्यक्रम से हट चुका था।

भारत के कभी ऊपर चढ़ते, तो कभी लड़खड़ाते सॉफ़्टवेयर उद्योग के लिए यह जैसे एक संजीवनी बन गयी। सवाल मात्र इस समस्या के हल का नहीं था, बल्कि दुनिया की तमाम छोटी-बड़ी कंपनियों से सीधे संपर्क बनाने का था। अगर वे यह काम समय पर पूरा कर देते, तो भारत उनके लिए एक स्थायी समाधान स्थल बन जाता।

इसका कुल खर्च लगभग 600 बिलियन डॉलर आँका गया। क्या भारत इस भारी ईनाम को हासिल करने में कामयाब रहा?

भारत के पास कोबोल प्रशिक्षित इंजीनियर पहले से मौजूद थे। रातों-रात NIIT जैसे संस्थानों से लेकर सॉफ़्टवेयर कंपनियों और कालेजों में इसका प्रशिक्षण दिया जाने लगा। आंध्र प्रदेश के मुख्यमंत्री चंद्रबाबु नायडू सत्यम कंप्यूटर्स और अन्य कंपनियों को तमाम छूट देने लगे ताकि इस 600 बिलियन डॉलर का बड़ा हिस्सा हैदराबाद आ जाए। एक आँकड़े के अनुसार उस दौरान भारत में चालीस लाख युवा कंप्यूटर प्रशिक्षित हुए। इन निचले स्तर के कंप्यूटर कर्मियों ने बेंगलुरु और हैदराबाद जैसे नगरों में एक नयी सेवा को जन्म दिया, जो बी पी ओ (बिज़नेस प्रोसेस आउटसोर्सिंग) कहलाने लगी।

टीसीएस के Y2K विंग मुखिया महालिंगम याद करते हैं, "हमारे पास तो इतने कर्मियों के लिए जगह नहीं थी। हमने कोयंबतूर का एक कपड़ा मिल किराए पर ले लिया, और वहाँ आइबीएम के मेनफ्रेम कंप्यूटर पर काम करने लगे...हमें लगभग चार सौ बिलियन वाक्यों से गुजर कर कोड ठीक करना था। एक कुशल कंप्यूटर इंजीनियर के लिए यह काम मामूली दर्जे का था, और वे इनमें अपना समय बर्बाद नहीं करना चाहते थे। इसलिए हमें इंटरमीडिएट और कला स्नातक विद्यार्थियों को भी इसका प्रशिक्षण देना पड़ा, कि कोड कैसे कहाँ बदलना है।"

सत्यम कंप्यूटर्स ने अपने काम का बड़ा हिस्सा इसी मद में लगा दिया, और हैदराबाद दुनिया के लिए Y2K समस्या का एक केंद्र ही बन गयी। हर छोटी-बड़ी कंपनी यहीं का रुख़ कर रही थी, क्योंकि यहाँ सबसे कम मूल्य में इसका हल किया जा रहा था।

वहीं इंफ़ोसिस जैसी कंपनी ने इस भेड़िया-धसान से ख़ुद को कुछ दूर रखा, क्योंकि इस प्रतियोगी माहौल में कुछ ख़ास लाभ कमाने की संभावना नहीं थी। यह तकनीकी रूप से मामूली बदलाव था, जिसकी कीमत कम दी जाती थी। लेकिन

इन्होंने इसके लिए एक विंग बनाया जिसका उद्देश्य इस समस्या के हल के बहाने कंपनियों से संपर्क स्थापित करना था। उनकी डील थी कि अगर वे यह हल कर देंगे, तो उन्हें कोई महत्वपूर्ण काम भविष्य में दिया जाए।

भारत ने वर्ष 1999 में कुल 860 कंपनियों के लिए इस समस्या का समाधान किया। इससे होने वाली आय 2.8 बिलियन डॉलर ही रही। अपेक्षा से कई गुणा कम कमाई के बावजूद यह 1998 के कुल सॉफ़्टवेयर निर्यात आय 2 बिलियन डॉलर से अधिक थी। जहाँ सॉफ़्टवेयर निर्यात भारत के कुल निर्यात का ढाई प्रतिशत हुआ करती थी, वह बढ़ कर पंद्रह प्रतिशत तक पहुँच गयी।

कंप्यूटर की दुनिया तो इस Y2K से खत्म नहीं हुई, बल्कि इसने भारत को नयी दुनिया दे दी। अगर यह तथाकथित प्रलय थी तो भारतीय कंपनियों ने समय रहते नू की नाव बना दी, और दुनिया बचा ली।

एक कंप्यूटर प्रोग्रामर मित्र कहते हैं,

"Y2K को मात्र लाभ के आँकड़े से नहीं देखना चाहिए। जैसे आप किसी व्यक्ति से कोई काम करवाते हैं, और भविष्य के लिए नंबर या विजिटिंग कार्ड रख लेते हैं। कभी ज़रूरत पड़ने पर उन्हें दुबारा फ़ोन करते हैं। आज अगर ऑस्ट्रेलिया, यूरोप या अमरीका के किसी कंपनी में कोई बड़ी कंप्यूटर समस्या आती है, तो एक फ़ोन भारत ज़रूर जाता है। Y2K हमारा ऐसा ही विज़िटिंग कार्ड था"

❧

'शतरंज चैंपियन गैरी कास्पारोव एक कंप्यूटर से हार गए'

नब्बे के दशक की यह एक बड़ी खबर थी। इसका एक अर्थ यह था कि कंप्यूटर इतने शक्तिशाली हो गए कि मनुष्य के दिमाग पर विजय पाने लगे। आइबीएम कंपनी के कंप्यूटर 'डीप ब्लू' ने जब पहली बार 1996 में यह मैच खेला, तो पहले ही खेल में उन्हें मात दी। लेकिन उसके बाद हुए पाँच खेलों में चार कास्पारोव जीत गए।

अगले वर्ष 'डीप ब्लू' पूरी तैयारी के साथ आयी। न्यूयार्क के इस आयोजन पर पूरी दुनिया की नज़र थी। यह क़यास लग रहे थे कि कास्पारोव को हराना कंप्यूटर के बस नहीं। पहला मैच कास्पारोव आसानी से जीत गए, तो यह क़यास पक्का होने लगा। लेकिन अगले ही मैच में कास्पारोव को हार मिली। उसके बाद के तीन मैच ड्रॉ रहे। खेल अभी 2.5-2.5 की बराबरी पर था। छठा मैच निर्णायक था। कास्पारोव अब थक चुके थे। उन्हें यह लगने लगा था कि मशीन वाकई ठीक-ठीक ताक़तवर बन चुकी है। आखिर इस तनाव भरे खेल में कास्पारोव हार गए।

हालाँकि यह कंप्यूटर आम कंप्यूटरों से कई कदम आगे था। वरना साधारण कंप्यूटर को तो मेरे जैसे लोग भी अक्सर मात कर दिया करते थे। कास्पारोव को हराने के लिए दर्जनों कंप्यूटर की अक्षौहिणी सेना भेजनी पड़ी। डीप ब्लू कंप्यूटर में 32 कंप्यूटर प्रोसेसरों की ताक़त थी। यह एक तरह का सुपर-कंप्यूटर था।

आखिर ऐसा क्या है मनुष्य के दिमाग में, जो इसे हराने के लिए कई कंप्यूटर लगाने पड़े? दिमागी संरचना की थोड़ी बहुत जानकारी तो मुझे है, लेकिन कंप्यूटर की समझ के लिए मैंने एक मित्र से बात की। यूँ भी ऐसी बातचीत में अपना ज्ञान किनारे रखना ही समझदारी है।

"आम कंप्यूटर में एक केंद्रीय प्रक्रमण एकक या सीपीयू होता है। यही कंप्यूटर का दिमाग है। आप कोई इनपुट देते हैं, यह उसे प्रोसेस कर आउटपुट देता है।", उन्होंने कहा

"हाँ! लेकिन कंप्यूटर की गति तो दिमाग से तेज़ है। यह कठिन गणनाएँ नैनो-सेकंड में कर लेता है, जो हमारा दिमाग नहीं कर पाता"

"यह गणनाएँ मनुष्य के दिमाग की क्षमता के समक्ष कुछ नहीं। मनुष्य तो छोड़िए बिल्ली का दिमाग भी कंप्यूटर से आगे है।"

"ऐसा आप कैसे कह सकते हैं?"

"मनुष्य का दिमाग कई चीजें एक साथ प्रोसेस कर सकता है। हमारे दिमाग के अंदर सैकड़ों ही नहीं, लाखों प्रोसेसर हैं। इनमें से कई एक साथ चल सकते हैं।"

"एक उदाहरण दें"

"उदाहरण तो घर-घर में हैं। एक महिला रसोई में खाना पकाते हुए पड़ोस की महिला से बात कर रही हैं। रेडियो पर बजता गीत सुन रही हैं। दूसरे कमरे में टेलीविजन चल रहा है। इस मध्य वह खिड़की से देखती हैं कि बादल घुमड़ने लगे हैं। वह छत पर सूख रहे कपड़े घर लाने के लिए आवाज देती हैं। इस मध्य एक बच्चा रोता हुआ आ जाता है..."

"यानी उनका दिमाग कई चीजें एक साथ प्रोसेस करता जा रहा है, जो आपके हिसाब से कंप्यूटर करने में समर्थ नहीं है?"

"एक कंप्यूटर को यह सब एक साथ करने के लिए कई प्रोसेसर, कई तरह के इनपुट और कई गुणा अधिक मेमरी लगेगी, जो उन महिला ने वर्षों के अनुभव से अर्जित किया है"

"यानी हमारे छोटे से दिमाग में एक कंप्यूटर से भी अधिक स्मृति है?"

"यह बात आप बेहतर जानते होंगे कि दिमाग की स्मृति किस तरह काम करती है"

"हाँ! कई पहलू हैं। मसलन दिमाग की अरबों तंत्र कोशिकाओं का लचीलापन, उनका आपसी मकड़जाल आदि"

"बिल्कुल। यह लचीलापन और इतना सघन तंत्र-जाल कंप्यूटर के लिए बुनना बहुत कठिन है"

"फिर कास्पारोव कैसे हारे?"

"यह कुछ ऐसी ही कोशिश थी, जिसमें कई प्रोससर एक साथ लगाए गए। यह समानांतर प्रक्रमण यानी पैरेलल प्रोसेसिंग कहलाती है। कुछ-कुछ मनुष्य की ही तरह एक साथ कई संभावनाओं का आकलन। लेकिन इसके बावजूद कास्पारोव को यह हर खेल में मात नहीं दे सकी...हाँ! मनुष्य थक जाता है, किसी कारण अपना ध्यान खो देता है, और मस्तिष्क का सम्यक उपयोग नहीं कर पाता। कंप्यूटर के साथ ऐसी मजबूरियाँ कम हैं।"

"क्या भारत के पास भी ऐसा कोई सुपर-कंप्यूटर है?"

"भारत के पास तो उस वक्त भी था, जब गैरी कास्पारोव अमरीकी कंप्यूटर से शतरंज खेल रहे थे। अब तो खैर कई हैं।"

"अरे हाँ! मैं तो भूल ही गया। जब अमरीकी राष्ट्रपति रोनाल्ड रीगन ने भारत को लगभग बेइज्जत कर दिया था, और भारत ने...."

"देखा? दिमाग की सिलवटों में कई ऐसी पढ़ी-सुनी स्मृतियाँ दबी होती है, जो ज़रूरत पड़ने पर एक कहानी रूप में निकल आती हैं। (हँस कर) अब तो आप मानेंगे कि सिर्फ़ चाचा चौधरी का नहीं, हम सभी का दिमाग कंप्यूटर से तेज चलता है।"

౧౨

"दूसरों से मांगी हुई तकनीक से देश महान नहीं बनते"

- विजय भाटकर, भारत के प्रथम सुपरकंप्यूटर प्रणेता

सुपर कंप्यूटर बनाने की दौड़ में शायद भारत शामिल नहीं होता, अगर अमरीका इसे एक तकनीकी कमजोर देश होने का अहसास न कराती। मुझे अमरीकी राष्ट्रपति रोनाल्ड रीगन का एक पत्र अमरीका के ही सार्वजनिक आर्काइव में मिला। 25 मार्च 1987 को भारतीय प्रधानमंत्री राजीव गांधी को उन्होंने लिखा,

"आपने हमसे सुपरकंप्यूटर ख़रीदने की इच्छा ज़ाहिर की थी। पिछले वर्ष दिसंबर में नयी दिल्ली में हमारे अधिकारियों ने यह कहा था कि कुछ ज़रूरी सुरक्षा शर्तों के साथ भारत को सुपरकंप्यूटर निर्यात किया जा सकता है। हमने उन शर्तों पर ग़ौर किया और मुझे यह बताते हुए खुशी हो रही है कि हम सुपरकंप्यूटर निर्यात

करने को तैयार हैं"

चिट्ठी तो प्रेम भरी ही लगती है, लेकिन यह जानना ज़रूरी है कि शर्तें आखिर थी क्या?

उन दिनों विदेश राज्य मंत्री रहे नटवर सिंह अपने संस्मरण में लिखते हैं कि अमरीका इस बात से नाराज़ थी कि भारत ने सोवियत संघ के अफ़ग़ानिस्तान अतिक्रमण का विरोध नहीं किया। रोनाल्ड रीगन भारत को ऐसी कोई भी मदद नहीं करना चाहते थे, जिससे भारत एक बड़ी परमाणु शक्ति बनने की तरफ़ बढ़ सके। चूँकि सुपरकंप्यूटर का उपयोग ऐसे शोध में किया जा सकता था, अमरीका इसे निर्यात नहीं करना चाहती थी।

इससे पूर्व राजीव गांधी स्वयं 1985 में इन मसलों पर चर्चा के लिए अमरीका गए थे। कई दौर की बातचीत के बाद यह तय हुआ कि सुपरकंप्यूटर तभी निर्यात किया जाएगा, अगर भारत मात्र मौसम विभाग के लिए उपयोग करे। जहाँ क्रे कंपनी की XMP-24 सर्वश्रेष्ठ सुपरकंप्यूटर थी, भारत को इसका पुराना, धीमा और सीमित क्षमताओं वाला मॉडल XMP-14 देने की पेशकश की गयी।

उन्हीं दिनों कंप्यूटर वैज्ञानिक विजय भाटकर अपनी अच्छी ख़ासी सरकारी नौकरी त्याग कर टाटा कंपनी से जुड़ने जा रहे थे। उनको इलेक्ट्रॉनिक विभाग के सचिव नांबियार ने फ़ोन किया कि राजीव गांधी आपसे सुपरकंप्यूटर की चर्चा करना चाहते हैं।

आगे का संस्मरण स्वयं भाटकर लिखते हैं कि राजीव गांधी ने उनसे तीन प्रश्न किए।

"क्या आप सुपरकंप्यूटर बना सकते हैं?", राजीव गांधी ने पूछा

"मैंने क्रे सुपरकंप्यूटर की सिर्फ़ तस्वीर ही देखी है, किंतु सिद्धांततः हाँ। मैं इसका विज्ञान जानता हूँ।", भाटकर ने उत्तर दिया

"यह कब तक बन सकता है?"

"मुझे बताया गया कि अमरीका से सुपरकंप्यूटर लाने में तीन वर्ष लगेंगे। अगर मुझे इतना ही समय दिया जाए, तो यह बन सकता है"

"इसमें कितना खर्च आएगा?"

"यह तो मैं विश्वास के साथ कह सकता हूँ कि अमरीका से खरीद और आयात शुल्क के खर्च से कम ही लगेंगे"

अमरीकी करारनामा रोक दिया गया। नवंबर 1987 में पुणे विश्वविद्यालय के मुख्य द्वार के निकट ही एक संस्थान की स्थापना हुई- प्रगत संगणक विकास केंद्र (C-DAC)। उसके चिह्न पर लिखा गया- "ज्ञानादेव तु कैवल्यम"। यह आदि

शंकराचार्य का कथन है जिसका अर्थ है ज्ञान से ही ब्रह्म की प्राप्ति संभव है।

विजय भाटकर ने ताबड़तोड़ विशेषज्ञों को फ़ोन घुमाने शुरू किए, जिनमें से कई तो निजी कंपनियों में कार्यरत थे। जब उन्हें भारत के पहले सुपरकंप्यूटर बनाने की बात कही गयी, वे अपनी नौकरियाँ छोड़ कर तीन वर्ष के अस्थायी कॉन्ट्रैक्ट पर आ गए। आइआइटी और अन्य संस्थानों से नवयुवा इंजीनियर बहाल किए गए।

उन दिनों वहाँ कार्यरत सार्थक कुलकर्णी लिखते हैं- "भाटकर सर की ख़ासियत थी कि उनके कमरे में कभी भी, कोई भी कर्मी बिना पूछे घुस सकता था। एक जूनियर इंजीनियर भी अगर उन्हें टोकता कि आप फलाँ चीज ग़लत कर रहे हैं, वह सौम्यता से पूछते- तुम्हारा सुझाव क्या है?...पहले छह महीने बीस कर्मियों को कुछ काग़ज़ी कारणों से पूरा वेतन तक नहीं मिला, फिर भी लोग दिन-रात लगे पड़े थे कि सुपरकंप्यूटर बनाना है"

आखिर 1990 में वादे के मुताबिक़ तीन वर्ष के अंदर ही सुपरकंप्यूटर का प्रोटोटाइप तैयार हो गया। जब यह बात ख़बरों में आयी, तो इसकी वैधता पर प्रश्न उठाए गए। पश्चिमी मीडिया यह कह रही थी कि ये एक साधारण मशीन होगी, सुपरकंप्यूटर नहीं।

हाथ कंगन को आरसी क्या? उसी वर्ष ज़्यूरिख़ में सुपरकंप्यूटर प्रोटोटाइप प्रतियोगिता थी। भारत ने इसमें भाग ले लिया। इसके पुर्जे रात को दो बजे ज़्यूरिख़ पहुँचे, और पूरी रात जग कर नौ घंटे में इसे असेंबल किया गया। वहाँ भारत के अलावा अमरीका, जर्मनी, सोवियत रूस, जापान और ब्रिटिश-फ्रेंच सहयोग से बने सुपरकंप्यूटर मैदान में थे। जापान का सुपरकंप्यूटर तकनीकी कारणों से चल ही नहीं सका। भारत का सुपरकंप्यूटर भी पहले प्रयास में चल नहीं पाया। इंजीनियरों ने इसकी मरम्मत की, तो दूसरे प्रयास में यह चल पड़ा। और क्या चला!

भारत जर्मनी, रूस, ब्रिटेन, फ्रांस को पछाड़ते हुए दूसरे स्थान पर पहुँचा। इससे तेज़ मात्र अमरीकी कंप्यूटर था। कुलकर्णी लिखते हैं कि एक अमरीकी अख़बार में छपा,

"Denied supercomputer, angry India does it"

(सुपरकंप्यूटर मना किये जाने पर क्रोधित भारत ने कर दिखाया)

अगले वर्ष अगस्त में जब 'परम' नाम का सुपरकंप्यूटर पूरी तरह बन कर तैयार हुआ, राजीव गांधी इसे देख नहीं पाए। सात वर्ष बाद 1998 में भारतीय अंतरिक्ष शोध संस्थान (ISRO) अमरीका से एक सुपरकंप्यूटर आयात करने वाली थी। तभी पोखरन परमाणु परीक्षण के कारण अमरीका ने इस आयात पर रोक लगा दी। बहरहाल, इसरो को कोई ख़ास दिक्क़त नहीं आयी। जिस यूरोपीय सेटलाइट से

एक डाटा प्रोसेस करना था, वह अन्यथा आठ घंटे के बजाय चालीस मिनट में पूरा हो गया।

इसरो के पास अपना 'परम' था न!

❧

यह Y2K के ठीक बाद की बात है। 2001-2 की। मेडिकल कालेज के कुछ विद्यार्थी शाम के सात बजे पुणे के विमाननगर इलाक़े का रुख करते, जहाँ कुछ नयी-नवेली सॉफ़्टवेयर कंपनियाँ आयी थी। पूरी रात वहाँ बिता कर जब वे सुबह आते, तो थके-माँदे होते। लेकिन महीने के अंत में उनके खाते में तीस हज़ार रुपए आ जाते, जो ठीक-ठाक रकम थी। यह अजीब बात थी। भला कंप्यूटर कंपनियों को मेडिकल विद्यार्थियों से क्या काम?

दरअसल यह कंपनी अमरीका के किसी चिकित्सकीय फ़ाइल बनाने वाली कंपनी से जुड़ी थी। वहाँ से डाक्टरों की ऑडियो फ़ाइल आती जिसमें वह अपने मरीजों का विवरण बोलते। ये विद्यार्थी उन्हें सुन कर अंग्रेज़ी में टाइप करते। इसमें शर्त थी कि 99 प्रतिशत से अधिक सटीक हो, तभी पूरे पैसे मिलेंगे। चूँकि अमरीका के अलग-अलग क्षेत्रों से अलग-अलग उम्र और परिवेश के डाक्टर बोलते, तो उनको समझना भारतीयों के लिए बहुत सहज नहीं था। लेकिन, महीने-दो महीने में आदत पड़ जाती, और मजाल है कि एक शब्द भी ग़लत हो। अब तो उनमें से कुछ लोग अमरीका प्रवासी डाक्टर बन चुके हैं, और अमरीकी लहजे में बोलने भी लगे हैं।

कुछ वर्ष बाद मैं दिल्ली के एक बड़े सरकारी अस्पताल से जुड़ा था। मेरी नज़र एक विज्ञापन पर पड़ी, जो नोयडा की एक सॉफ़्टवेयर कंपनी से थी- 'मेडिकल विद्यार्थी की ज़रूरत है'। मुझे लगा कि वही मामला होगा। हालाँकि मैं उस समय तक विद्यार्थी से अगली सीढ़ी पर था, लेकिन सेक्टर 55 की इस कंपनी से बहुत दूर नहीं रहता था तो कौतूहल में चला गया। यह एक ठीक-ठाक कंपनी थी, और पेरोट सिस्टम जैसी नामी कंपनी के साथ ही थी। वहाँ उन्होंने कहा कि अमरीकी विद्यार्थियों की कापियाँ जाँचनी है। मैं चौंक गया कि भला इस काम का सॉफ़्टवेयर कंपनी से क्या लेना-देना? उन्होंने कहा कि यह एक क्लाएंट की जानकार है, जो हमें बड़े प्रोजेक्ट देते हैं। उनके लिए करना पड़ना रहा है। आपको एक कापी के एक हज़ार रुपए मिलेंगे।

ये काम मैंने किए या नहीं, यह बात मौजू नहीं है। लेकिन ये उदाहरण हैं कि Y2K के बाद किस तरह के उल्टे-सीधे काम भारत आने लगे। भारतीय कंपनियों ने

• 61 •

काम पहले उठाया, संसाधन बाद में ढूँढे। उन्हें यकीन था कि चाहे कोई भी काम हो, आज विज्ञापन डालूँगा, कल कोई ढूँढते हुए आ ही जाएगा। हालाँकि कई कंप्यूटर विशेषज्ञ इस 'धंधे' को भारतीय सॉफ़्टवेयर उद्योग का लीक से भटक जाना भी कहते है, मगर डॉलर तो भारत आ रहे थे।

बाक़ायदा अमरीकी अंग्रेज़ी में एक शब्द ही बन गया- "I lost my job. It got BANGALORED." (मेरी नौकरी बैंगलोर चली गयी)।

आउटसोर्सिंग विशेषज्ञ दिनेश शर्मा इस दौर को कुछ यूँ लिखते हैं,

"न्यूयॉर्क के एक टैक्स कंपनी का सारा काम पुणे के कुछ चार्टर्ड एकाउंटेंट कर रहे थे। लंदन का एक व्यक्ति अमरीकी कंपनी में डिमांड ड्राफ्ट बनवा रहा था, जो नयी दिल्ली से बन कर आ रहा था। गुड़गाँव में बैठा व्यक्ति एक ब्रिटिश व्यक्ति के हवाई जहाज की टिकट काट रहा था। वाल स्ट्रीट के शेयर बाज़ार का विश्लेषण बेंगलुरु में हो रहा था। जयपुर का एक वाणिज्य स्नातक कनेक्टिकट (अमरीका) की एक महिला के बैंक लोन में मदद कर रहा था। मैसूर के एक वकील हॉलीवुड की एक फ़िल्म कंपनी के कापीराइट काग़ज़ बना रहे थे। नयी दिल्ली के एक जीवविज्ञान स्नातक नॉर्डिक दवा कंपनी के लिए पेटेंट पर काम कर रहे थे। वहीं चेन्नई के कुछ युवा वैज्ञानिक जर्मनी की एक दवा कंपनी के लिए शोध का आखिरी पड़ाव पूरा कर रहे थे। नोयडा के एक छोटे से कमरे में हवाई जहाज के सॉफ़्टवेयर प्रोग्राम लिखे जा रहे थे। वहीं बेंगलुरु की एक कंपनी एक मशहूर विडियो गेम का परिष्कृत रूप बना रही थी, जो दो साल बाद अमरीकी बच्चों के हाथ में जाना था।"

कुल मिला कर देखा जाए तो भारतीय कुछ भी, किसी के लिए भी कर रहे थे। ज़ाहिर है अच्छा काम भी कर रहे होंगे, तभी यह शृंखला रुक नहीं रही थी, बल्कि बढ़ती ही जा रही थी।

आउटसोर्स के चार मुख्य रूप थे- पहला व्यवसाय प्रक्रिया बाहर भेजना (BPO), दूसरा ज्ञान प्रक्रिया भेजना (KPO), तीसरा इंजीनियरिंग सेवा भेजना (ESO), चौथा शोध बाहर से करवाना (R and D)।

इनमें से अधिकांश की नींव 2000 ईसवी के इर्द-गिर्द पड़ गयी। मैं 2011-12 के आँकड़े देख रहा था। इस उद्योग ने उस वर्ष भारत को 16.5 बिलियन डालर विदेशी

मुद्रा दी, और कुल 28 लाख लोगों को नौकरियाँ!

ब्रिटिश एयरवेज़ ने जब अपने काम का बड़ा हिस्सा भारत भेज दिया तो लंदन में सवाल किए गए। उनके मुखिया शॉन शॉ को टेलीग्राफ अखबार ने पूछा, "आप अपनी नौकरियाँ भारत भेज कर ब्रिटेन की हानि तो कर ही रहे हैं, सस्ता काम करवा कर भारतीयों का भी शोषण कर रहे हैं"

उन्होंने कहा, "यह सच है कि अगर हम चालीस नौकरियाँ भारत भेजते हैं, तो साल के एक मिलियन पाउंड की बचत होती है। लेकिन वहाँ काम कम मूल्य पर होता है, यही एक कारण नहीं। भारतीय हम ब्रिटिशों से बेहतर अनुशासन और कौशल से काम करते हैं। वे काम भले कुछ देर से शुरू करते हैं, मगर रात के 9-10 बजे तक शिफ़्ट में काम पूरा करते हैं। हम आखिर क्यों न भारत भेजें?"

ये हवाई जहाज के टिकट बनाने जैसे मामूली काम तो ठीक थे, जी ई कंपनी के मुखिया जैक वेल्श जब भारत आए तो उनकी बाँछें खिल गयी। उन्हें यह अहसास हुआ कि भारत मात्र सस्ते जुगाड़ की जगह नहीं, बल्कि वह जगह है जहाँ हर साल पाँच हज़ार पीएचडी, दो लाख इंजीनियर, और तीन लाख तकनीक प्रशिक्षित लोग निकलते हैं। इस प्रतिभा महासागर से एक बूँद भी मिल जाए, तो मौलिक पेटेंटों की बौछार हो जाए।

ऐसा हुआ भी।

९

सातवें आसमान पर

"जो कभी भारत घूम कर नहीं आया, वह व्यक्ति बेवकूफ़ है"

- जैक वेल्श जी ई कंपनी के एक सम्मेलन में

भारत के प्रतिभाओं पर कई लोगों ने गिद्ध नज़र लगायी हुई थी, लेकिन अगर किसी ने मखमली चादर यानी रेड कार्पेट बिछा कर दी, वह जी ई कंपनी के सीइओ रहे जैक वेल्श थे। वह पहली बार 1989 में भारत आए। उसके बाद वह भारत को इस क़दर पसंद करने लगे कि उन्होंने एक बार कहा- 'मैं दुनिया में भारत का सेल्समैन बन चुका हूँ'। वह उसके बाद अलग-अलग मौकों पर भारत आते रहे। जी ई कंपनी से पद त्यागने के बाद भी यह सिलसिला चलता ही रहा।

वह भारत के लिए कुछ ऐसे विचार भी रखते थे, जिससे पश्चिमी मीडिया पूरी तरह सहमत नहीं थी। जैसे वह भारत में व्यवसाय करने का सबसे प्रमुख कारण भारत की मज़बूत न्याय-व्यवस्था को मानते थे। यह बात चौंकाने वाली थी क्योंकि भारतीय स्वयं भारत के क़ानून में बहुत अधिक भरोसा नहीं करते थे। जैक वेल्श भारत की तुलना चीन और फ़िलीपींस आदि से करते हुए यह कहते कि भारत का क़ानून पारदर्शी है। भारत में अगर भ्रष्टाचार होता भी है, तो उसकी न्यायिक जाँच होती है, और सजा निर्धारित होती है। इस बात से सहमति हो सकती है। ख़ास कर जब हम आगे सत्यम कंप्यूटर के विषय में पढ़ेंगे तो भारत की न्याय-व्यवस्था का एक उदाहरण दिखेगा।

1999 में जी ई कंपनी ने एक बड़ा केंद्र बेंगलुरु में स्थापित किया। इसके उद्घाटन में जैक वेल्श ने कहा- "अगर प्रतिभा और बुद्धिमत्ता की बात की जाए, भारत कई विकसित देशों से आगे है। अगर आधारभूत संरचना की बात की जाए,

तो भारत अभी बहुत पीछे है। हमें इस देश की क्षमता का अगर सही आकलन करना है, तो वह संरचना बना कर देनी होगी, जहाँ यहाँ की प्रतिभाएँ फले-फूले। हमें भारत को एक आउटसोर्सिंग के केंद्र की तरह नहीं, बल्कि मौलिक शोध के केंद्र की तरह देखना होगा”

सितंबर 2000 में बेंगलुरु के वाइटफ़ील्ड इलाक़े में पचास एकड़ की ज़मीन पर जॉन एफ वेल्श टेक्नोलॉजी सेंटर स्थापित हुआ। यह जी ई कंपनी का अमरीका के बाहर पहला बहुआयामी शोध-अनुसंधान केंद्र था। यहाँ भारत के 275 वैज्ञानिकों को लाया गया, जो मात्र दो वर्षों में बढ़ कर 4000 हो गए। मैं जब 2011 में एक सी टी स्कैन मशीन के सिलसिले में वहाँ गया था, यहाँ की चहल-पहल देख कर हैरान रह गया। मुझे वहाँ एक भारतीय मिले, जिन्होंने कहा कि जब हम मशीन स्टार्ट करते हैं, तो कंसोल पर जो पहला कोड उभरता है, वह उन्हीं की टीम ने लिखा है। यही कोड पूरी दुनिया की मशीनों में चलता है। अमूमन मुझे ऐसे दावे ख़ामख़ा लगते हैं, मगर वहाँ के माहौल में उनकी बात बिल्कुल सही लग रही थी।

वहीं मालूम पड़ा कि तिब्बत में जो रेलवे चीन बिछा रही थी, उसके इंजन की ख़ास इंजेक्शन तकनीक बेंगलुरु में बन रही थी। बोइंग 787 हवाई जहाज के इंजन की अस्सी प्रतिशत प्रोग्रामिंग उसी केंद्र में हुई। यह बातें अचरज से भरी थी, क्योंकि मुझे लगता था कि चीन या अमरीका से ऐसी चीजें आयात होती हैं, निर्यात नहीं। उन्होंने इस बात के प्रमाण दिखाए कि 2011 तक बेंगलुरु के उस केंद्र से चार सौ मौलिक पेटेंट जारी हुए हैं, जो भारतीय वैज्ञानिकों के नाम हैं। चार सौ पेटेंट एक केंद्र से! अब तक कई हज़ार से ऊपर हो गये हों, तो कोई आश्चर्य नहीं।

न सिर्फ़ जी ई, उस समय आइबीएम और टेक्सास इंस्ट्रूमेंट के शोध अनुसंधान केंद्र मिला कर लगभग पाँच सौ पेटेंट और थे। मुझे तो मैसूर के लारसन एंड टूब्रो कंपनी में कार्यरत मेरी ही उम्र के इंजीनियर ने कहा कि उनका अल्ट्रासाउंड मशीन के तकनीक में पेटेंट है। जब मैंने मुस्कुरा कर उन्हें धत्ता बताने की कोशिश की, उन्होंने उसी वक्त मुझे ऑनलाइन अपना पेटेंट दिखाया। यह जिस तकनीक का पेटेंट था, वह एक आधुनिक तकनीक थी जिससे मेरा परिचय भी अभी-अभी हुआ था।

मैंने दंग होकर पूछा- “यह एलास्टोग्राफ़ी तुमने बनाया है?”

उन्होंने हँस कर कहा- “अरे नहीं! पेटेंट के लिए पूरी दाल नहीं बनानी पड़ती। तड़का लगाने का भी पेटेंट मिल सकता है...इसके कुछ कोड मैंने लिखे हैं। पेटेंट फ़ाइल तो कंपनी कर देती है। आर एंड डी का काम ही यही है”

एक अन्य विशेषज्ञ बताते हैं - अमरीकी पेटेंट में वृद्धि की वजह इन कंपनियों का शोध-अनुसंधान भारत में होना भी है। शोध उससे पहले भी होते थे, शोधपत्र भी छपते रहे, मगर पेटेंट की तरफ़ बहुत अधिक ध्यान नहीं था। जी ई या आइबीएम जैसी कंपनियाँ तो दुनिया में ही पेटेंट फ़ाइल करने में अग्रणी रही है। वे अपने साथ यह संस्कृति भारत ले आयी। भारत के पिछले दो दशकों में लाखों पेटेंट हो चुके है।

2023-24 में कृत्रिम प्रज्ञा (AI), न्यूरोटेक्नोलॉजी, इंटरनेट ऑफ थिंग्स और अन्य इंजीनियरिंग मिला कर लगभग अस्सी हज़ार पेटेंट फ़ाइल हुए। अब तो खैर मैं फ़ेसबुक पर अपने मित्रों को अपडेट करता देखता हूँ कि उनका पेटेंट पारित हो गया।

जैक वेल्श, जो अन्य कारणों से आलोचना के शिकार अधिक हुए, उन्होंने अपनी मृत्यु से कुछ पूर्व कहा, "लोग कहते थे कि मैंने भारत पर बाज़ी लगायी, जो भाग्यवश चल गया। मैं उनसे कहना चाहूँगा कि जैक यूँ ही भाग्य के सहारा बाज़ियाँ नहीं लगाता फिरता। वह चीजों का सही मोल पहचानता है"

❧

कंप्यूटर से बन रही दुनिया आसमान से गिरी, खजूर पर अटकी। एक गुब्बारे की तरह एक दिन फट पड़ी। ऐसा एक बार नहीं, कई बार हुआ।

जब इंटरनेट ने भारत के शहरों और क़स्बों में पहुँच बनायी, तो इसके लिए ग़ज़ब का उत्साह था। लोग एक घंटे का तीस-चालीस रुपए देकर छोटे-छोटे खोमचों में घंटों गुजारते। वहाँ याहू डॉट कॉम और एमआइआरसी जैसे साइट पर जाकर अनजान लोगों से ख़ामख़ा बतियाते। एक तकियाकलाम था- 'ए एस एल प्लीज़!' यानी अपनी उम्र (एज), लिंग (सेक्स) और स्थान (लोकेशन) बताएँ। यहीं से बात शुरू हो जाती। घंटों लोग किसी एंजल प्रिया से रूमानी संवाद करते, बाद में पता लगता कि साइबरकैफ़े का मालिक ही इस नाम से बतिया रहा था। वह भी एक साथ कई ग्राहकों के साथ।

इस फ़रेबी तिलिस्म को अगर विश्व-पटल पर देखें तो कुकुरमुत्तों की तरह उगती जा रही डॉट कॉम कंपनियाँ निवेशकों को आकर्षित कर रही थी। बैंक और वित्तीय संस्थाएँ मात्र इसलिए कर्ज दे रही थी कि कंपनी की एक बेबसाइट है- फलाना डॉट कॉम। भले कंपनी का अस्तित्व यह हो कि किसी कामचलाऊ लॉज से चल रही हो। न कोई व्यापार मॉडल हो, न कंपनी की आधारभूत संरचना।

आज एक वेबसाइट बनाना चुटकियों का खेल है, मगर उस वक्त यह एक हौव्वा सा दिख रहा था।बेंगलुरु की एक साधारण वेबसाइट इंड्या डॉट कॉम

(indya.com) को अमरीका की स्टार टेलीविजन समूह ने पचास मिलियन डॉलर से अधिक मूल्य में खरीदने का फ़ैसला किया। भारत के टाइम्स समूह ने रिडिफ डॉट कॉम (rediff.com) में मोटा निवेश किया। सत्यम कंप्यूटर ने सिफी डॉट कॉम (sify.com) में करोड़ों लगा दिए। यहाँ तक कि 2000 में भारत की ओलंपिक टीम को इस डॉट कॉम कंपनी ने प्रायोजित किया।

अब ये डॉट कॉम कंपनियाँ कहाँ हैं, जो कभी आसमान में थी?

2001 में ही यह बुलबुला फटना शुरू हो गया। इंडिया डॉट कॉम तो ऐसी गायब हुई कि अब उसके नाम-ओ-निशाँ ढूँढने भी मुश्किल हैं। रिडिफ और सिफी भी धीरे-धीरे काल के गाल में समा गयी। ये भारत के पहले ईमेल बनाने वाली और 'पोर्टल' नाम की शुरुआत करने वाली कंपनियाँ थी। इस पर खबरें थी, विज्ञापन थे, खुदरा दुकानदारी थी, वह सब कुछ था, जो आज के पोर्टल में दिखता है। इन सबके बावजूद उनमें वह नहीं था, जो टीसीएस, इंफोसिस या विप्रो जैसी कंपनियों में था। न ही वह था, जो अमेजन, ईबे या आज के समय में फ़ेसबुक में दिखा। सिर्फ़ डॉट कॉम बना देने से कंपनी नहीं खड़ी हो जाती।

हालाँकि भारत के पहले डोमेन (निजी वेबसाइट पता) रिडिफ ने यथासंभव प्रयास किए। कभी अमरीका के स्टॉक मार्केट पर रही इस कंपनी ने व्यवसाय को दिशा देने की कोशिश की। स्थायी नौकरियों के बाद फ्रीलांस लोगों से काम कराए। नियमित वेबसाइट कायम रखते रहे, जो आज भी थोड़ी-बहुत देखी जा रही है, और कमाई हो रही है। लेकिन मूल कंपनी बिक गयी। अमरीकी स्टॉक एक्सचेंज NASDAQ ने इसे अपनी सूची से निकाल दिया। इस पर निवेश करने वालों के पैसे कब के डूब गए होंगे।

ख़ैर, इसमें भारत की ग़लती नहीं। अमरीका में सैकड़ों डॉट कॉम कंपनियाँ खत्म हो गयी। यह एक वैश्विक बुलबुला था, जो फट गया। ऐसे अनुभव कंप्यूटर की दुनिया के लिए अच्छे ही रहे। जो इससे खुद को बचा कर बाहर ले आए, वे आज दुनिया की सबसे बड़ी कंपनियों में हैं। मसलन अमेजन भी कभी जेफ़ बेजोस के गराज में बनी डॉट कॉम कंपनी थी, जो कुछ किताबें बेचती थी। आज यह लगभग दो ट्रिलियन डॉलर की कंपनी है!

कंप्यूटर की दुनिया को अगला झटका 15 सितंबर 2008 को लगा, जब अमरीका की 600 बिलियन डॉलर वित्तीय कंपनी लेहमान ब्रदर्स ने खुद को दिवालिया घोषित कर दिया। यह भी कुछ ऐसा ही फरेबी तिलिस्म था। बिना पूरी काग़ज़ी जाँच और कर्ज चुकाने की क्षमता का आकलन किए कर्ज देना। एक बार फिर अमरीकी बाज़ार धम्म से गिरा, और उस भूकंप से भारत की वे

तमाम कंपनियाँ भी हिल गयी, जिनके ग्राहक अमरीका में बैठे थे। ऐसी कठिन परिस्थितियों में वे लोमड़ियाँ पकड़ी जाती हैं, जो बाघ की खाल में घूम रही हो।

भारत के शीर्ष पाँच हुआ करते थे- टी सी एस, इंफोसिस, विप्रो, सत्यम और एच सी एल।

इनमें से एक की चिट्ठी भारत की संस्था SEBI को मिली। लिखा था- "हम इतने दिन बाघ की सवारी कर रहे थे, अब समझ नहीं आ रहा कि ज़िंदा उतरें कैसे?"

෧෨

"आप सत्यम के निदेशक को चाहे फाँसी पर चढ़ा दें, मगर कंपनी पर ताला न लगाएँ"

- सोम मित्तल, नैसकोम अध्यक्ष, जनवरी 2009

घोटाले तो भारत में कई हुए, लेकिन सत्यम का मामला इसलिए अलग है क्योंकि इसमें घोटाले की सायास और सार्वजनिक लीपा-पोती हुई। किसी आपातकालीन मिशन की तरह सरकार और आइटी संस्थानों ने मिल कर इस कंपनी को बचा लिया। आज कंप्यूटर उद्योग इस बात को सीना तान कर कहता है कि हमने सत्यम घोटाले का प्रभाव उद्योग पर नहीं पड़ने दिया, हमने संभाल लिया (चाहे इसके लिए घोटाले की अनदेखी भी करनी पड़ी)।

रामलिंग राजू अमरीका से मैनेजमेंट पढ़ कर ज़रूर आए थे, मगर वह इंजीनियर या कंप्यूटर विशेषज्ञ नहीं थे। वह वाणिज्य स्नातक थे, जो कुछ ज़मीनी संपत्ति का धंधा करते थे। हालाँकि कंप्यूटर की दुनिया में छलांग उन्होंने 1987 में ही लगा दी थी, जब एक संबंधी के साथ सत्यम कंप्यूटर की स्थापना की। जैसे-जैसे भारत में कंप्यूटर ने उछाल ली, राजू का सिक्का भी चल पढ़ा। ख़ास कर जब चंद्रबाबु नायडु मुख्यमंत्री बने तो हैदराबाद को तकनीकी केंद्र बनाने की मुहिम में सत्यम कंप्यूटर को भी ऊँची गद्दी मिल गयी। Y2K ने तो इसके वारे-न्यारे कर दिए और यह भारत की चौथी सबसे बड़ी कंप्यूटर कंपनी बन गयी।

इस मध्य सत्यम कंप्यूटर्स में ग़लत रसीद बनाने का धंधा चल रहा था, और खाते में गड़बड़ी की जा रही थी। यह इतनी चालाकी से हो रहा था कि विदेशी जाँच एजेंसी प्राइस वाटर कूपर्स को भी इसकी हवा नहीं लगी (या उनको अपने साथ मिला लिया)। कंपनी के मुनाफ़े को बढ़ा-चढ़ा कर दिखाया जा रहा था ताकि शेयर के दामों में उछाल बनी रहे। स्वयं राजू और उनका परिवार अपने शेयर बेच कर हैदराबाद में हज़ारों एकड़ की ज़मीन खरीदता जा रहा था। 2008-09 में जब

अमरीका को आर्थिक मंदी ने झकझोरा, राजू अपनी कंपनी के अधिकांश शेयर बेच चुके थे, और मात्र तीन प्रतिशत के मालिक थे। अब सही वक्त आ गया था कि वह सत्यम की खाल उतार कर दुनिया को सत्य से परिचय करा दें।

उन्होंने पहले तो एक कोशिश यह की कि अपनी रीयल एस्टेट कंपनी मेटास इंफ्रा को सत्यम कंप्यूटर्स में मिला लें, और रीयल एस्टेट की मंदी से उबर जाएँ। वहीं लोगों को शक होने लगा कि मामला गड़बड़ है।

आखिर जनवरी 2009 में एक चिट्ठी SEBI को लिखी गयी कि हमने जो वार्षिक खाता दिखाया है, वह ग़लत है। सारे आँकड़े बढ़ा-चढ़ा कर लिखे गए हैं। हम ऐसे बाघ की सवारी कर रहे हैं, जिससे उतरे तो खा लिए जाएँगे। जब यह चिट्ठी लीक हुई, तो बाज़ार हिल गया। सत्यम के शेयर के दाम जो पाँच सौ से ऊपर रहा करते थे, 11 जनवरी 2009 को गिर कर मात्र ग्यारह रुपए पर आ गए। निवेशकों के अरबों रुपए एक झटके में साफ़!

उस समय को याद करते हुए नैसकोम (आइटी कंपनी संगठन) के भूतपूर्व अध्यक्ष किरण कार्णिक कहते हैं,

"हमारी चिंता दुनिया में भारत की साख को लेकर थी। इस घटना से मात्र सत्यम ही नहीं, बाकी आइटी कंपनियों पर से विश्वास उठने की संभावना थी। अगर सत्यम कंपनी पर ताला लगता तो इसके पचास हज़ार कर्मी कहाँ जाते? वे तमाम काम जो सत्यम ने उठाए थे, उन्हें कौन पूरा करता? क्या विदेशी कंपनियाँ हमें आगे कोई प्रोजेक्ट देती? अमरीका में लेहमैन ब्रदर्स के डूबने के बाद सरकार ने अपने हाथ में कमान ले ली, भारत में भी यह रास्ता था। मगर यह पुनः उद्योगों के राष्ट्रीयकरण की ओर दिशा ले जाती, जो हमारे लिए बहुत अच्छा नहीं होता।

इसलिए हमने मनमोहन सिंह सरकार के साथ मंत्रणा कर यह निर्णय लिया कि कंपनी बंद नहीं होने देंगे। नया बोर्ड गठित करेंगे, खाता जाँच करेंगे, और काम सुचारू रूप से चलता रहेगा। बाकी, राजू और उसके सहयोगियों पर जो कारवाई होगी, वह न्यायालय का काम है।"

ऐसा ही किया गया। सत्यम कंपनी के कर्मचारी काम पर रहे। विदेशी प्रोजेक्ट चलते रहे। शेयर बाज़ार को भी आश्वस्त किया गया कि कुछ लोगों ने घोटाले किए, मगर उद्योग पहले की तरह बिना रुकावट चल रहा है। बाज़ार ने जल्द ही तेज़ी दर्ज की। रही बात राजू की, तो वह भी 2015 में दस लाख रुपए के मुचलके पर छोड़ दिए गए। यहाँ तक कि नेटफ्लिक्स शृंखला 'बैड बॉय्ज बिलियनेयर' के पोस्टर से भी राजू का चेहरा हट गया।

सत्यम कंप्यूटर की एक पारदर्शी नीलामी हुई थी, जिसे महिंद्रा एंड महिंद्रा कंपनी ने जीता। इससे जो कंपनी 'टेक महिंद्रा' अधिक शक्तिशाली होकर निकली, वह आज 1.6 ट्रिलियन डॉलर बाज़ार मूल्य रखती है। इसके शेयर का मूल्य आज की तारीख़ में सत्रह सौ रुपए है!

कार्णिक कहते हैं,

"घोटाले तो दुनिया में कई हुए, सत्यम ऐसा एक उदाहरण है जिससे हमने घोटालेबाज़ों को बाहर निकाल कर कंपनी को वापस न सिर्फ़ खड़ा किया, बल्कि अधिक ताकतवर बनाया"

10
स्टार्ट अप

अगस्त 2004, आइआइटी दिल्ली छात्रावास

"अबे उठ जा! एक कंपनी आयी है कैंपस मे"

"कौन सी?"

"अमेजन"

"अमेजन? क्या करती है ये?"

"किताबें बेचती है"

"सोने दे भाई! कंप्यूटर साइंस पढ़ के क्या किताबें बेचेंगे"

"चल तो सही! पैसे बहुत ज्यादा दे रही है"

- फ्लिपकार्ट पर आधारित मिहिर दलाल की पुस्तक 'बिग बिलियन स्टार्ट अप' का एक अंश

एक शब्द है - बाजारवाद। इसे अलग-अलग ढंग से देखा जा सकता है, मुझे बचपन के एक कैरमबोर्ड की कहानी याद आती है। मैंने अपने पिता से कहा कि एक कैरमबोर्ड ला दें। उन्होंने मुझे एक गुल्लक लाकर दी और कहा कि इसमें सिक्के गिराते रहो, दीवाली के दिन इसे फोड़ेंगे, कैरमबोर्ड आ जाएगा। महीनों इस गुल्लक का सिलसिला चला, और मैं इतने दिन शहर के एक खेल-दुकान में लटके कैरम बोर्ड को ललचाई आँखों से देखता रहा। दीवाली आयी, गुल्लक टूटा, और मैं अपने भाइयों के साथ उस दुकान की ओर भागा। पता लगा कि सारे कैरम बोर्ड बिक चुके, सिर्फ़ एक बचा है जिसमें सीलन आ गयी है। केंद्र में जहाँ गोटियाँ सजाते है, वहाँ का हिस्सा फूल गया था। हम निराश होकर लौट गए।

अब बीस साल आगे आ जाएँ। मैंने एक व्यक्ति को गिटार बजाते देख कर कहा- क्या मैं भी सीख सकता हूँ? उसने गिटार हाथ में देकर कहा, ले जाओ! किश्तों में

पैसे दे देना। मैंने उसी वक्त खरीद लिया। गिटार तो सीख नहीं पाया, अगले कुछ महीने उधार ज़रूर चुकाता रहा। आखिर आधे दाम पर गिटार बेचनी पड़ी।

बाज़ारवाद हमें तीन चीजें कराता है- झटके में खरीद, कर्ज पर खरीद, बिना आकलन के ऐसी खरीद जिसकी जरूरत न हो।

इन तीनों चीजों से हमारी जेब भले खाली हो जाए, देश की अर्थव्यवस्था बहुत मजबूत होती है। पैसे गुल्लक में जमा नहीं रहते, बाजार में घूमते हैं। भारत में 2000-2010 का कालखंड जिसमें क्रमशः एनडीए और यूपीए की पहली खेप रही, बाजारवाद की शुरुआत कही जाती है। हर तीसरा व्यक्ति दुकानों में बढ़ने लगा, चीजें खरीदने लगा, किश्तों पर कर्ज लेने लगा। चाहे कोई महीने का पाँच हजार कमाता हो या पचास हजार, महीने की आखिरी तारीख को उसकी जेब खाली होती और अगले वेतन की प्रतीक्षा करता। इस खर्च करने की प्रवृत्ति से देश की अर्थव्यवस्था ने ऐसी उछाल ली कि इसे 'इंडिया शाइनिंग' की मिसाल दी गयी।

इस बाजारवाद के साथ ही इंटरनेट पर खरीद के विकल्प भी आने लगे, जिससे कंप्यूटर उद्योग में एक शब्द उभरा- ई कॉमर्स। पैसे और उत्पाद का कंप्यूटर पर ही लेन-देन। घर बैठे क्लिक किया और सामान आपका!

बेंगलुरू में अमरीकी कंपनी अमेजन ने अपना कार्यालय अभी शुरू ही किया था, जब आइआइटी दिल्ली से सचिन बंसल नामक नवयुवक इससे जुड़े। कुछ समय बाद उन्होंने अपने सहपाठी रहे बिन्नी बंसल को भी उसी कंपनी में बुला लिया। उन्हें जल्द ही लगने लगा कि कुछ अपनी शुरुआत की जाए। 2007 की एक बरसात में वे चाय पर बतिया रहे थे-

"भाई! लोग पैसे खर्च करना चाहते हैं, उन्हें चीजें तरीक़े से नहीं मिल रही।"

"ऑनलाइन चीजों पर कौन भरोसा करेगा? दिखती कुछ है, पहुँचती कुछ और। पैसे पहले मांगते हैं। वक्त पर पहुँचाते नहीं। यहाँ के लोग ठोक-बजा कर, मोल-भाव कर सामान लेना चाहते हैं, और वह भी बिना इंतजार किए"

"हम हर चीज के कई विकल्प देंगे, छूट के विज्ञापन देंगे, समय पर पहुँचाएँगे, और पैसे सामान पहुँचने के बाद"

"हम दो लोग इतना सब कुछ कैसे कर लेंगे? क्या तू खुद ही सामान पहुँचाएगा?"

"अरे, अपनी सोसायटी में वो बंदा सामान पहुँचाता है न, उससे बात करते हैं। हम भी एक स्कूटी उठा लेंगे। हो जाएगा यार"

"ठीक है। मेरे पास कुछ ढाई लाख रुपए तो होंगे। तेरे पास भी कुछ होंगे ही। ऑफिस तो किसी फ्लैट में बन जाएगा। एक कंप्यूटर खरीदते हैं बढ़िया..."

"खरीदने की ज़रूरत नहीं। अपना हिप्पी है न, उसका लैपटॉप उठाते हैं"

"वो स्साला सिगरेट बहुत फूँकता है। ख़ैर झेल लेंगे। मगर बेचें क्या?"

"किताबें ही ठीक रहेगी। लोग खूब खरीदते हैं, मूल्य बहुत ज्यादा नहीं होती, हर दुकान में सभी किताबें मिलती नहीं, और सामान तो काग़ज़ का ही है। ठोक-बजा कर देखने का टंटा ही नहीं"

"बुक...पेज...फ्लिप...फ्लिपकार्ट...कैसा नाम रहेगा?"

"वाह मेरे शेर! फ्लिपकार्ट! क्या नाम सोचा है!"

बंसल बंधु ने अमेजन कंपनी को त्यागपत्र देकर बेंगलुरु के कोरोमंगला इलाक़े में एक 2BHK फ्लैट भाड़े पर लिया। वहाँ बैठ वेबसाइट बनाया, और इसे अमेजन के अनुभव से इतना सक्षम बना दिया कि यह गूगल पर जल्दी दिख जाए। बेंगलुरु के ही दो पुस्तक विक्रेताओं से उनके पुस्तकों की सूची ली, वह सूची वेबसाइट पर सारणी बना कर लगा दी। अब अगर कोई अमुक प्रेरक पुस्तक तलाशता, तो उसके साथ चार और पुस्तकें दिख जाती। अब वे उसी तरह प्रतीक्षा करने लगे जैसे नदी किनारे चारा डाल कर मछली मारने बैठे हों।

दो दिन बाद बिन्नी चिल्लाए, "ऑर्डर आ गया भाई! पहला ऑर्डर आ गया!"

"कहाँ से"

"महबूबनगर"

"आंध्र प्रदेश? ऑर्डर क्या है?"

"Leaving Microsoft to change the world by John wood"

दुनिया बदलने के लिए माइक्रोसॉफ़्ट की नौकरी छोड़ दी- जॉन वुड

"इसकी तो एक कापी अपने लिए भी लाते हैं...", सचिन बंसल ने दराज से स्कूटी की चाभी निकालते हुए कहा

सचिन और बिन्नी बंसल के आइआइटी दिल्ली में बैचमेट रोहित बंसल ने तीन वर्ष बाद स्नैपडील की स्थापना की। बंसल बंधु ने फ्लिपकार्ट को बाद में बेच दिया। आज उसका बाज़ार मूल्य लगभग चालीस बिलियन डालर है।

౭౨

फ्लिपकार्ट एक स्टार्ट-अप थी। यूँ तो इस शब्द में कोई नयी बात नहीं, लेकिन, अब इस शब्द के अलग मायने है। हर नया व्यवसाय स्टार्टअप नहीं कहलाता, और हर स्टार्टअप एक व्यवसाय नहीं बन जानता।

वर्ष 2015 में मैं बेंगलुरु के अपने कार्यालय में मरीजों के एमआरआई स्कैन देख रहा था, तभी एक फ़ोन बजा- "मैं अविनाश, कैसे हैं आप? किसी काम से

बेंगलुरू आया हूँ। मिलें?"

यूँ तो हम दोनों बीस साल पहले साथ थे, मगर दरभंगा (बिहार) के एक आवासीय विद्यालय में अगर पाँच साल साथ बिताएँ हों, तो भूलने की गुंजाइश नहीं। मैं उनसे एक वहीं कार्यालय में कुछ देर मिला, तो उन्होंने स्कूल-कालेज की कहानी छोड़ कर मुझसे सीधे मरीजों से जुड़ी तकनीक पर बात की। अगर किसी व्यक्ति को अचानक कहीं दिल का दौरा आ जाए, तो क्या वह मोबाइल के किसी एक ऐप्प को दबा कर एंबुलेंस मंगवा सकता है...क्या हम मरीजों का एक स्वास्थ्य डाटाबेस की ओर बढ़ सकते हैं, जो पूरे देश में जुड़ी हुई हो...

अविनाश गुप्ता की उम्र उस वक्त 32 वर्ष रही होगी, लेकिन वह एक सफल स्टार्ट-अप बना चुके थे, दूसरे की ओर बढ़ रहे थे।

आइआइटी मुंबई के अपने छात्रावास से निकल कर जब वह मुंबई की काले-पीले रंग की टैक्सियों को देखते, तो यह सोचते कि इन्हें जोड़ा जाना चाहिए। कोई कहीं से भी ऑनलाइन इन्हें बुला सके। उनके दिमाग की यह पौध आखिर एक स्टार्टअप बनी- बुक माइ कैब (bookmycab.com)। इसकी ख़ासियत यह थी कि इसे महाराष्ट्र सरकार का लाइसेंस प्राप्त था, सभी टैक्सी लाइसेंसधारी थे, और दूरी के हिसाब से मूल्य निर्धारित थे।

जब अविनाश बंबई की सड़कों पर घूमते इन टैक्सी ड्राइवरों से बात कर रहे थे, उसी आइआइटी के एक अन्य विद्यार्थी भविश अग्रवाल भी इसी दिशा में सोच रहे थे। वह बांदीपुर जंगल से बेंगलुरु की ओर एक टैक्सी में आ रहे थे, जब ड्राइवर ने उन्हें किसी कारणवश बीच रास्ते उतार दिया। उन्हें समझ नहीं आ रहा था, कि अब यहाँ से आगे कैसे जाऊँ? उस वक्त उन्हें लगा कि एक ऐसा विकल्प हो कि कोई कहीं से भी अपना निकटतम टैक्सी बुला सके। उन्होंने इस कंपनी को नाम दिया- ओला कैब्स (Olacabs.com)

यह कमाल की बात है कि आइआइटी बंबई के एक ही छात्रावास से भारत के आरंभिक दो ऑनलाइन टैक्सी सेवाएँ बने। वहीं आइआइटी दिल्ली के एक ही बैच से आरंभिक दो ऑनलाइन खुदरा बिक्री केंद्र (फ्लिपकार्ट और स्नैपडील)। सभी लगभग तीस वर्ष के युवक, जिनके पास एक सोच थी, तकनीक थी, और वे इसे निवेशकों के सामने रखते थे। निवेशक पैसे लगाते थे, और वह अपनी सोच को एक व्यवसाय में तब्दील कर रहे थे। जब यह पूरी तरह तैयार हो जाता, इसका मूल्य बढ़ जाता, इनमें से कई लोग कंपनी छोड़ कर आगे बढ़ जाते।

अविनाश गुप्ता ने अपनी कंपनी बुक माइ कैब बेच दी। फ्लिपकार्ट के बंसल बंधु ने मिंत्रा (myntra) और फोन पे (phone pe) का अधिकरण करने के बाद

पूरी कंपनी बेच दी।

यह उस पारंपरिक व्यवसाय मॉडल से पूरी तरह अलग है, जिसमें एक ही ख़ानदान पीढ़ी-दर-पीढ़ी व्यवसाय चला रहा होता है। स्टार्टअप में अमूमन निवेशक और व्यवसायी अलग होते हैं। वे तकनीक का भरपूर प्रयोग करते हैं। अपने व्यवसाय में अथक परिश्रम लगा कर भी इसे एक दिन छोड़ने में हिचकते नहीं। दरअसल इनकी सोच ही इनका निवेश है।

नैस्कोम ने 2013 में दस हज़ार स्टार्टअप योजना शुरू की। आज टेलीविजन पर ऐसे शो हो रहे हैं, जहाँ लोग सोच लेकर आते हैं और निवेशक पैसे लगाते हैं। ऐसे भारतीय स्टार्टअप हैं जो बिलियन डॉलर से अधिक कमाई कर रहे हैं, जिन्हें यूनिकॉर्न कहा जाता है। ऐसे निवेशकों का एक तंत्रजाल है, जो स्टार्टअप पर बाजी लगाते हैं, जिन्हें एंजल इन्वेस्टर नेटवर्क (फरिश्ता निवेशक) कहा जाता है।

वर्ष 2019 के आँकड़े के अनुसार भारत में बीस हज़ार स्टार्टअप हैं, चार सौ से अधिक बड़े निवेशक, और आठ निवेशक तंत्र।

तकनीक तेज़ी से लोगों को जोड़ती जा रही थी। दुकान जुड़ रहे थे, टैक्सियाँ जुड़ रही थी, निवेशक जुड़ रहे थे, व्यवसायी जुड़ रहे थे। सरकार भी लोगों को जोड़ने की एक जुगत लगा रही थी।

इस संबंध में मैंने एक प्रश्न पढ़ा,

"एक अरब उपभोक्ताओं को जोड़ने में माइक्रोसॉफ़्ट विन्डोज को छब्बीस वर्ष लगे। ऐप्पल आइफोन को चौदह साल। गूगल को बारह साल। फेसबुक को लगभग सात साल।

क्या आप उस चीज का नाम जानते हैं, जिसने लगभग पाँच साल में एक अरब का आँकड़ा पा लिया?"

इंफ़ोसिस के संस्थापक नंदन निलेकानी इसे याद करते हुए कहते हैं, "नरेगा (NREGA) और जनवितरण प्रणाली (PDS) का लाभ ग़लत हाथों में जा रहा था, जिससे सरकार का तीस प्रतिशत तक घाटा हो रहा था। मुझे कहा गया कि एक ऐसी पहचान बनाऊँ, जिससे सरकारी योजनाओं का लाभ सही व्यक्ति तक पहुँचे।"

11

डिजिटल इंडिया

9 जुलाई 2009. इंफ़ोसिस. नंदन निलेकानी विदाई समारोह

"दोस्तों! मुझे प्रधानमंत्री मनमोहन सिंह ने एक बड़ी ज़िम्मेदारी सौंपी है। मुझे एक ऐसी योजना से जुड़ना है जिससे सभी भारतीय नागरिकों की पहचान तय हो सके। हालाँकि मेरी पहचान तो यह कंपनी (इंफ़ोसिस) ही रही है। आज इस पहचान को खोते हुए दुख हो रहा है, लेकिन देश के नागरिकों की पहचान से जुड़ने की खुशी भी है।"

नागरिकों की पहचान संख्या कोई नयी बात नहीं। अमरीका में इसे समाज सुरक्षा संख्या (सोसल सेक्योरिटी नंबर) कहते हैं जो नौ अंकों की होती है। यूरोपीय देशों में इसे व्यक्ति संख्या (परसन नंबर) कहते हैं जैसे - नॉर्वे में यह जन्मतिथि से जोड़ कर ग्यारह अंकों की हो जाती है। यह सभी नागरिकों और प्रवासियों को मिलती है, और उसी से बैंक खाते, और तमाम सरकारी पत्र आदि जुड़े होते हैं। इस संख्या का प्रयोग कर लगभग सभी महत्वपूर्ण कार्य किए जा सकते हैं।

भारत में पहचान के कई प्रमाण पत्र प्रयोग होते रहे - पासपोर्ट, वाहन चालक पत्र, मतदाता पत्र, बिजली रसीद, राशन कार्ड, आवासीय प्रमाण पत्र, बैंक खाता, पंचायत से प्रमाण पत्र आदि। इन पहचानों में एकरूपता न होने के कारण ये सुसंगत नहीं थे। मेरे मतदाता पत्र पर एक पता था, खाते पर दूसरा, वाहन चालक पत्र पर तीसरा, और रहता मैं चौथी जगह था। पासपोर्ट सभी भारतीय नागरिकों के पास नहीं होते, बल्कि ये बनवाए ही तभी जाते जब कभी विदेश जाने का संयोग बने। ऐसे में सरकारी योजनाओं का लाभ ग़लत हाथों में जाना लाज़मी था। ख़ास कर जब ग्रामीण रोजगार योजना (मनरेगा) जैसे मुहिम चले, तो यह और भी आवश्यक हो गया कि धन सही व्यक्ति तक पहुँचे।

इंफ़ोसिस के संस्थापक नंदन निलेकानी को 2009 में भारतीय विशिष्ट पहचान प्राधिकरण (UIDAI) की ज़िम्मेदारी दी गयी। उन्हें एक अरब से अधिक भारतीयों को एक ख़ास पहचान संख्या से जोड़ना था, उनकी जीवमितिय (बायोमेट्रिक) पहचान तय करनी थी, जिसमें उनके उंगलियों के निशान, आँखें सब सम्मिलित हो।

निलेकानी ने यह ज़िम्मेदारी लेने से पहले अपने सिलिकन वैली के मित्र श्रीकांत नादमुनी और राष्ट्र प्रतिभूति आगार (NSDL) के अध्यक्ष टी कोशी से पूछा- "क्या लगता है? एक अरब लोगों को जोड़ना संभव होगा?"

नादमुनी ने कहा- "तकनीकी लिहाज से हाँ, मगर भारत बहुत बड़ा है। लोग ऐसी जगह रहते हैं, जहाँ सड़कें तक नहीं पहुँचती"

कोशी ने कहा- "मेरा भी जवाब हाँ है। अगर सरकार तुम्हारे साथ हो, और टीम अच्छी हो, तो भारत में क्या मुमकिन नहीं"

समस्या यह थी कि नंदन कॉरपोरेट दुनिया के व्यक्ति थे। सरकारी अफ़सरशाही से टीम बनाना बहुत कठिन कार्य था। सरकार में यूँ ही बहाली नहीं हो जाती। और-तो-और यह काम भी नया था, जिसका अनुभव न जाने किसके पास था।

उस वक्त उन्हें के पी कृष्णन नामक आइएएस अधिकारी मिले, जिनके बारे में नंदन कहते हैं, "मुझे लगता है कि उन्हें भारत के हर आइएएस के बारे में पता था। चाहे वह बिहार में हों, असम में, केरल में, या गुजरात में, कृष्णन सभी को जानते थे। किनका क्या कौशल है, क्या प्रशिक्षण है, कैसा व्यवहार है, कृष्णन बिना फ़ाइल देखे बता देते"

निलेकानी ने कृष्णन को कहा - "मुझे कम से कम तीन काबिल लोग चाहिए। पहले मेरे सचिव (सेक्रेटरी), दूसरे मुख्य कार्यपालन अधिकारी (CEO), तीसरे मुख्य वित्त अधिकारी (CFO)"

कृष्णन ने कहा, "शिमला में तमिलनाडु की एक अफ़सर है - गंगा। उसने तमिलनाडु में पहली बार प्रॉविडेंट फंड (भविष्य निधि) को कंप्यूटर से जोड़ा था। वह भी 1989 में। मेरे ख्याल से CFO वही ठीक रहेगी...

अच्छा हाँ! मसूरी में मैं एक आइएएस से मिला। लॉ कॉलेज का गोल्ड मेडलिस्ट रहा है। कर्नाटक कैडर का है, तुम्हारे इलाके का। एम एस श्रीकर। कन्नड़ भी अच्छा बोलता है। तुम्हारे सचिव के लिए उसको रख सकते हैं...

सीइओ के लिए तो एक ही आदमी दिमाग में है। बिहार में एक..."

निलेकानी ने कहा, "सीईओ ऐसे हों जिन्हें कंप्यूटर का बहुत ज्यादा ज्ञान हो"

"अरे वो जीनियस है। मास्टरमाइंड। आजकल झारखंड में है, पहले बिहार में था। (हँस कर) नेताओं और अपराधियों को भी कंप्यूटर से संभाल लेता है। जब बेगूसराय का डीएम था, उसने हथियारों के लिए एक कंप्यूटर कोड लिख दिया था। तुम्हें भरोसा नहीं होगा- 1985 में जब भारत में गिने-चुने कंप्यूटर थे, वह बेगूसराय में कंप्यूटर पर काम करता था"

"कोड लिखते थे मतलब? वह प्रोग्रामिंग जानते हैं?"

"जानता ही नहीं, वह खुद ही डिजिटल सिस्टम बनाता है। पूर्णिया का डीएम बना तो वहाँ जनता की समस्याओं के लिए डिजिटल प्लैटफ़ॉर्म बनाया। धनबाद में पता लगा कि नेता अपने लोगों को चुनाव बूथ पर बिठा रहे थे। उसने ऐसे कोड लिख दिए कि सभी चुनाव अधिकारियों के बूथ एक झटके में बदल गये।"

"कोई कंप्यूटर साइंस की डिग्री है उनके पास? क्या वह आइआइटी से हैं?"

"अरे नंदन! डिग्री में क्या रक्खा है? आइआइटी से तो पढ़ा ही है। कैलिफ़ोर्निया विश्वविद्यालय की कंप्यूटर में मास्टर डिग्री है। जानते हो मास्टर्स उसने 45 वर्ष की उम्र में किया, डिप्टी कमिश्नर पोस्ट से छुट्टी लेकर...इतना ईमानदार कि उसकी लोग हमेशा बदली कराते रहते हैं। अभी झारखंड में सात साल में नौ बदली हो चुकी है।"

1978 बैच के बिहार-झारखंड कैडर के राम सेवक शर्मा को सीईओ बनाया गया। इनकी टीम ने मिल कर इस नयी पहचान का एक नाम सोचा- आधार!

आठ वर्ष बाद नंदन ने कहा, "आज दस करोड़ बैंक खाते आधार से जुड़े हैं। ग्यारह करोड़ गैस कनेक्शन। इसकी मदद से रोटी-कपड़ा-मकान की कहानी अब बिजली-सड़क-पानी को पार करती जनधन-आधार-मोबाइल की ओर बढ़ रही है"

हालाँकि राजनीतिक पक्ष-विपक्ष विरोध करते रहे, कई खामियाँ भी मिली, लोग असंतुष्ट रहे, लेकिन यह कार्य भी तो दूहर था।

इन पंक्तियों के लिखे जाने तक 1.36 अरब से अधिक लोग आधार से जुड़ चुके हैं।

❧

"मैं मुंबई गया, तो वहाँ मोची के पास QR कोड था। पान वाले डिजिटल पैसे ले रहे थे। कचौड़ी की दुकान में लोग बिना नगद दिए निकल रहे थे, पूछने पर पता लगा कि सबने पेटीएम कर दिए...ऐसा लगा जैसे मैं भविष्य की किसी दुनिया में पहुँच गया"

- उज़ैर कुरैशी, पाकिस्तान के वित्त विश्लेषक और यूट्यूबर

दुनिया का सबसे डिजिटल देश एस्टोनिया को कहा जाता है। यह एक छोटा सा देश है, जहाँ लगभग 99 प्रतिशत कार्य डिजिटल होते हैं। नतीजतन वहाँ के बुजुर्ग भी इंटरनेट से खूब परिचित हैं। आज अगर दुनिया के सबसे बड़े डिजिटल देश की बात की जाए, तो भारत तीसरे स्थान (अमरीका और चीन के बाद) पर पहुँच चुका है। आखिर यह कैसे मुमकिन हुआ?

जिस वक्त आधार संख्या बनाने की संस्था बनी, उससे ठीक पूर्व 2008 में एक और संस्था बनी। इसका नाम था- भारतीय राष्ट्रीय भुगतान निगम (NPCI)। जैसा नाम से ही स्पष्ट है कि इसका ध्येय था कि भारत में भुगतान सुलभ हो, और तेज़ हो।

अगर पीछे मुड़ कर तीन दशक पूर्व जाएँ, तो भुगतान या तो नगद से मुमकिन थे, अथवा चेक या ड्राफ्ट से। नगद सबसे तेज़ माध्यम था, लेकिन इस लेन-देन का हिसाब सरकार तक पहुँचना कठिन था। चेक पर दुकानदार का भरोसा नहीं होता। दूसरे राज्य से आए पैसे खाते में आने में हफ्ते भर लग जाते, ख़ास कर अगर चेक किसी अन्य बैंक के खाते का होता। चेक बाउंस भी खूब करते थे। डिमांड ड्राफ्ट एक सुरक्षित तरीका था, जिसे बनवाने के लिए लंबी क़तार लगती, और बैंक की खिड़की कुछ घंटे ही खुलती।

जब बैंक ऑनलाइन हुए तो गति कुछ बढ़ी। 2005 में राष्ट्रीय इलेक्ट्रॉनिक भुगतान प्रणाली (NEFT) के माध्यम से एक बैंक में डाले गए पैसे अमूमन उसी दिन या अगले दिन पहुँच जाते। तेज भुगतान के लिए रिज़र्व बैंक ने एक वास्तविक समय सकल भुगतान (RTGS) योजना शुरू की। रिज़र्व बैंक में इन बैंकों का एक केंद्रीय खाता होता, जहाँ से आपसी लेन-देन फटाफट हो जाता।

लेकिन, यह सब बड़े लेन-देन के लिए था। ज़ाहिर है एक पान खरीदने या जूता सिलवाने के लिए कोई इस तरह पैसे भुगतान नहीं करता। छोटे और तेज़ भुगतान के लिए बैंकों के वीज़ा या मास्टर कार्ड आ गए थे, जो इन बहुराष्ट्रीय कंपनियों द्वारा संचालित थे। यह कंपनियाँ प्रति भुगतान ग्राहक से एक शुल्क लेती है। सिर्फ़ इस भुगतान प्रणाली से ही यह वीज़ा कंपनी साल के पंद्रह बिलियन डॉलर से अधिक कमा लेती है।

रिज़र्व बैंक के तत्कालीन निदेशक सुब्बाराव अपने सहयोगी अभय होटा से कुछ यूँ विमर्श कर रहे थे।

"हमें भी वीज़ा या मास्टर कार्ड का एक भारतीय विकल्प बनाना चाहिए"

"चीन ने ऐसे विकल्प बनाए हैं। लेकिन इसके लिए सभी भारतीय बैंकों को मिल कर इस पर राजी होना होगा। यह सुरक्षित और तेज़ हो, इसके लिए तकनीक भी बेहतर करनी होगी।"

"आप बैंकिंग संगठन की एक वार्ता बुलाइए। मैं बात करूँगा"

"सर! जहाँ तक मेरा अनुभव है, वे रिज़र्व बैंक का हस्तक्षेप तो नहीं ही चाहेंगे। न ही हम दिन के करोड़ों भुगतान को सँभाल पाएँगे"

"हमारा प्रत्यक्ष हस्तक्षेप नहीं होगा। मैंने वित्त मंत्री से बात की है। यह एक स्वतंत्र संस्था होगी, जो भुगतान का कार्य देखेगी।"

"एक कंपनी की तरह? फिर तो सीईओ, सीटीओ सभी ढूँढ़ने होंगे"

"तभी तो तुम्हें बुलाया है। तुमसे बेहतर भुगतान प्रणाली को कौन समझता है? एक कॉरपोरेट मॉडल बनाओ। शीर्ष कोटि के विशेषज्ञों को ज़िम्मेदारी दो।"

"ठीक है सर! मैं दिलीप अस्बे नामक एक व्यक्ति से एक सम्मेलन में मिला। वह अभी अमरीका से लौट कर यूरोनेट में है। वह चीन के मॉडल को बेहतर समझता है। हमारी इस मॉडल पर चर्चा भी हुई थी।"

भारत के दस प्रमुख बैंकों के बीच ऐसी सहमति बन गयी कि वे आपस में तेज़ भुगतान के लिए एक प्लैटफ़ॉर्म रख सकते हैं। यह वीज़ा या मास्टर कार्ड से अलग एक भारतीय प्लैटफ़ॉर्म होगा। 2012 में एक ऐसा प्लैटफ़ॉर्म बन कर तैयार हुआ, जिसका नाम रखा गया- RuPay. इसके माध्यम से प्रति भुगतान शुल्क पाँच रूपए से घट कर पचास पैसे तक आ गया, और बैंक ग्रामीण क्षेत्रों में भी कार्ड बाँटने लगी।

लेकिन, अभी भी रास्ते में कई रोड़े थे। सबसे बड़ा रोड़ा तो यही था कि भुगतान के लिए कार्ड की ज़रूरत थी, कार्ड के लिए बैंक खाते की, बैंक खाते के लिए पहचान पत्र और न्यूनतम राशि की। यह सब होने के बाद भी कार्ड स्वाइप करने के लिए दुकानदारों के पास मशीन तो हो।

दिलीप अस्बे कहते हैं, "मैं उन दिनों नंदन निलेकानी से मिला। भाग्य से वह भी इसी दिशा में सोच रहे थे कि किस तरह आधार से भुगतान जुड़े, और गाँव के लोग फटाफट भुगतान कर सकें। वह भी नगण्य शुल्क पर। उन्होंने इसका एक नाम दिया था- JAM - यानी जनधन (खाता), आधार, और मोबाइल इन तीनों को जोड़ दिया जाए। हम भी इस पर काम कर रहे थे। हम इसे UPI कह रहे थे"

12

उपसंहार

अब आगे क्या होगा? अगली कंप्यूटर क्रांति कैसी होगी? भारत उसके लिए कितना तैयार है?

मैं पिछले वर्ष वियना के एक चिकित्सकीय सम्मेलन में गया था, जहाँ कुछ भारतीय कंपनियाँ भी आयी थी। वहाँ उन्होंने मुझसे पंद्रह मिनट माँगे कि एक कमरे में बैठ कर सीटी स्कैन देखूँ। मुझे यह नहीं बताना था कि बीमारी कहाँ है, या क्या है, सिर्फ़ स्कैन देखने थे। उन्होंने मेरी आँखों के आगे सेंसर जैसी चीज लगा दी थी। मैंने अंत में पूछा कि माजरा क्या है। उन्होंने कहा कि कंप्यूटर आपकी आँखों के घूमने के तरीके से यह सीख रहा है कि चिकित्सक किस तरह स्कैन देखते हैं।

भारत अब तेज़ी से उस क्रांति की ओर बढ़ रहा है, जो एक कंप्यूटर को मनुष्य की कुछ क्षमताएँ दे सकता है। इसका प्राथमिक रूप है साधारण बातचीत करना, प्रश्नों का हल बता देना, एक चिट्ठी या कहानी लिख देना। इसका अनुभव तो भारतीय अब भिन्न-भिन्न भाषाओं में कृत्रिम बातचीत (AI chat जैसे chatGPT आदि) के माध्यम से ले रहे हैं। गाहे-बगाहे मज़ाक़ भी उड़ा रहे हैं, लेकिन मशीन के लिए वह मज़ाक़ भी एक तरह का आँकड़ा है।

मुझे बेंगलुरु यात्रा में एक कंपनी के विषय में पता लगा जो गाँव-देहात में घूम रही है। वहाँ के लोगों के मोबाइल पर एक ऐप्प डाल रही है, जिसमें उन्हें कुछ घंटे कन्नड़ में बोलना होता है। कम पढ़ी घरेलू स्त्रियाँ उस पर अपनी आवाज़ डालती हैं। इस कार्य के प्रति घंटे पाँच सौ रुपए उन्हें मिलते हैं। कंपनी का नाम ही ‘कार्य’ (karya) है। यह तमाम आवाज़ें वह गूगल और माइक्रोसॉफ़्ट जैसी कंपनियों को बेच रही हैं, जिससे भारतीय भाषाओं में बोलने वाले चैटबॉट बन पाएँ।

जहाँ मनुष्य की आवाज़ में संवाद करना, खबरें पढ़ देना, गाना गा देना पहली सीढ़ी है, वहीं अगली सीढ़ी है मनुष्य की विश्लेषक क्षमताओं की नकल करना। जैसे एक चिकित्सक की आँखें किस तरह घूमती है और उससे निष्कर्ष तक कैसे पहुँचते हैं। एक किसान मिट्टी और आबो-हवा देख कर कैसे समझ लेते हैं कि फसल कैसी होगी। एक मेकैनिक इंजन की आवाज़ सुन कर कैसे समझ लेते हैं कि गाड़ी में खराबी कहाँ होगी। बहरहाल, इन तीनों उदाहरणों के लिए भारत में कंपनियाँ बन चुकी है, जो क्रमशः चिकित्सा, कृषि और वाहन-विज्ञान में कृत्रिम प्रज्ञा (AI) ला रही है।

इस तरह की कंपनियों को गहरी तकनीक (डीप टेक) कहते हैं, जो कृत्रिम प्रज्ञा, क्वांटम गणना आदि पर कार्य करती है। सनद रहे कि दुनिया को यह शब्द 'डीक टेक' भी भारतीय मूल की एक सीईओ स्वाति चतुर्वेदी ने दिया।

इसी से जुड़ी एक अन्य तकनीकी बढ़त है- चीजों का अंतर्जाल (Internet of things)।

जैसे अब घरों में टेलीविजन, संगीत यंत्र, कॉफी बनाने का यंत्र, वातानुकूलक आदि मोबाइल पर एक 'गूगल होम' से संचालित हो जाते हैं। आप कहीं भी बैठे इनमें से कोई भी चीज जब चाहे चालू-बंद कर सकते हैं। बल्ब की रोशनी घटा-बढ़ा सकते हैं। पर्दे खींच सकते हैं, गाड़ी गरम कर सकते हैं। यह एक मामूली उदाहरण है, जिसे अगर बड़े पटल पर देखा जाए तो इंटरनेट से कितनी चीजें एक साथ नियंत्रित की जा सकती है। जैसे दिल्ली की सड़कों पर चलती सभी गाड़ियाँ अगर इंटरनेट से जुड़ी हों, तो क्या तकनीक इन गाड़ियों को स्वतः दिशा-निर्देश दे सकती है, ताकि जाम न हो? यह कोई कपोल कल्पना नहीं, इस दिशा में भी कार्य चल रहा है।

आज अमरीका की शीर्ष पाँच कंप्यूटर कंपनियाँ माइक्रोसॉफ़्ट, ऐप्पल, अमेजन, अल्फाबेट (गूगल) और फ़ेसबुक ने अपना काम इसी दिशा में झोंक दिया है। इस दशक में भारत में लगभग चार हज़ार डीप टेक कंपनियाँ बनी है। वर्ष 2023 में ही 480 नयी कंपनियाँ बनी हैं। इन कंपनियों ने पिछले पाँच वर्ष में दस बिलियन डॉलर निवेश पाया है। भारत सरकार ने कृत्रिम प्रज्ञा मुहिम (AI mission) पर दस हज़ार करोड़ से अधिक का निवेश पारित किया है।

आखिर इन हाइ-फाइ तकनीकों से भारत की ग्रामीण जनता को क्या हासिल होगा?

तेलंगाना के खम्मम जिले में एक मुहिम चल रही है- 'सागू बागू' जिसका अर्थ है खेती बढ़ाओ। वहाँ के किसान लाल मिर्च उगाते हैं। उन सभी को मोबाइल पर एक चैट-बोट दिया गया, जो उन्हें सेटलाइट डाटा आदि के आधार पर सुझाव

देता है। वह भी तेलुगु भाषा में। यह एक 'कृषि तंत्र' नामक मिट्टी जाँचने वाली मशीन लर्निंग तकनीक से जुड़ा है। इसके साथ ही एक 'ऐग-नेक्स्ट' नामक एक कंप्यूटर चित्र विश्लेषक इनके खेत के मिर्च के रंग आदि का विश्लेषण करता है। इसकी मदद से प्रति एकड़ 21 प्रतिशत उत्पादन वृद्धि हुई, और किसानों को आठ प्रतिशत बेहतर दाम मिले। अब इस मुहिम को तेलंगाना के अन्य जिलों में विस्तार दिया जा रहा है।

इंफ़ोसिस के संस्थापक कृश गोपालकृष्णन ने एक साक्षात्कार में कहा, "मुझसे लोग पूछते हैं भारत में कृत्रिम प्रज्ञा की ज़रूरत किनको है। मैं उनसे पूछता हूँ- किसे नहीं है?"

संदर्भ

1. Technological Indian by Ross Bassett, Harvard University Press. 2016.

2. Against all odds: The IT story of India by Kris Gopalakrishnan, N. Dayasindhu and Krishnan Narayanan, Penguin Random House, India. 2022

3. The Outsourcer: The story of India's IT revolution by Dinesh C. Sharma, Massachusetts Institute of Technology. 2015

4. The collected works of Mahatma Gandhi, Publications Divisions. 1999

5. Kunte vs Ranade: Or the wrestling of two giants, Kesari, June 3 1884

6. Sir Richard Temple on Education in India, Journal of the National Indian Association, January 1881, 38

7. Model Institute of Technology, Mahratta, May 11, 1884

8. Technical education, Mahratta, June 1, 1884

9. Poona in the Eighteenth century: An Urban history by Balkrishna Govind Gokhale, Oxford University Press, Delhi. 1988

10. N R Narayana Murthy: A biography by Ritu Singh, Rajpal and sons. 2013

11. Big Billion Start Up: The Untold Flipkart Story by Mihir Dalal, Macmillan. 2019